ON

단숨에 켠다.

단기 특강

확률과 통계

KB190407

⬇ 정답과 풀이는 EBS*i* 사이트(www.ebsi.co.kr)에서 다운로드 받으실 수 있습니다.

교재 내용 문의
교재 및 강의 내용 문의는
EBS*i* 사이트(www.ebsi.co.kr)의 학습 Q&A 서비스를
활용하시기 바랍니다.

교재 정오표 공지
발행 이후 발견된 정오 사항을
EBS*i* 사이트 정오표 코너에서 알려 드립니다.
EBS*i* 사이트 → 교재 → 교재 정오표

교재 정정 신청
공지된 정오 내용 외에 발견된 정오 사항이 있다면
EBS에 알려 주세요.
EBS*i* 사이트 → 교재 → 교재 정정 신청

고교 내신 대비 EBS Line Up

고등학교 0학년 필수 교재
고등예비과정
국어, 영어, 수학, 한국사, 사회, 과학 6책

모든 교과서를 한 권으로,
교육과정 필수 내용을 빠르고 쉽게!

국어 · 영어 · 수학 내신 + 수능 기본서
올림포스
국어, 영어, 수학 16책

내신과 수능의 기초를 다지는 기본서
학교 수업과 보충 수업용 선택 No.1

국어 · 영어 · 수학 개념+기출 기본서
올림포스 전국연합학력평가 기출문제집
국어, 영어, 수학 10책

개념과 기출을 동시에 잡는 신개념 기본서
최신 학력평가 기출문제 완벽 분석

한국사 · 사회 · 과학 개념 학습 기본서
개념완성
한국사, 사회, 과학 19책

한 권으로 완성하는 한국사, 탐구영역의 개념
부가 자료와 수행평가 학습자료 제공

수준에 따라 선택하는 영어 특화 기본서
영어 POWER 시리즈
Grammar POWER 3책
Reading POWER 4책
Listening POWER 2책
Voca POWER 2책

원리로 익히는 국어 특화 기본서
국어 독해의 원리
현대시, 현대 소설, 고전 시가, 고전 산문,
독서 5책

국어 문법의 원리
수능 국어 문법, 수능 국어 문법 180제 2책

기초 수학 닥터링부터 고난도 문항까지
올림포스 닥터링
수학, 수학 I, 수학 II, 확률과 통계, 미적분 5책

올림포스 고난도
수학, 수학 I, 수학 II, 확률과 통계, 미적분 5책

최다 문항 수록 수학 특화 기본서
수학의 왕도
수학(상), 수학(하), 수학 I, 수학 II,
확률과 통계, 미적분 6책

개념의 시각화 + 세분화된 문항 수록
기초에서 고난도 문항까지 계단식 학습

단기간에 끝내는 내신
단기 특강
국어, 영어, 수학 8책

얇지만 확실하게, 빠르지만 강하게!
내신을 완성시키는 문항 연습

ON

단숨에 켠다.

단기 특강

확률과 통계

Structure

1

각 단원에서 핵심 내용을 중심으로 필요한 정의, 공식 등을 정리하고 핵심 내용의 보충, 심화, 참고 등의 부연 설명은 **Plus** 를 통해 추가 설명

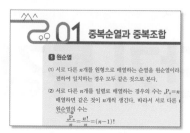

2

핵심 내용에서 학습한 원리, 법칙 등을 문항을 통해 이해할 수 있도록 출제하였으며 풀이에 첨삭을 추가하여 개념 확인에 도움이 될 수 있도록 구성

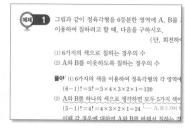

3

예제와 유사한 내용의 문항이나 일반화된 문항을 출제

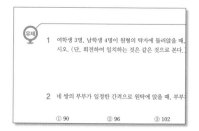

4

문제 해결 능력을 배양할 수 있도록 다양한 문항을 출제

5

대단원별로 개념을 다시 정리하여 복합적인 문항을 해결할 수 있도록 출제하고 별도 코너로 **서술형 문항** 을 실어 내신에 대비할 수 있도록 구성

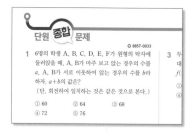

6

대단원별로 기출문항을 변형한 모의평가 문항을 출제하여 연습할 수 있도록 구성하였으며 세트로 유사한 맛보기 문항을 출제하여 실전에 대비할 수 있도록 구성

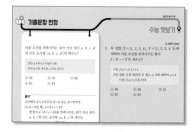

Contents

EBS 단기 특강 확률과 통계 **차례**

학생 EBS 교재 문제 검색

EBS 단추에서 문항코드나 사진으로
문제를 검색하면 푸리봇이 해설 영상을 제공합니다.

[8857-0001]

1. 아래 그래프를 이해한 내용으로 가장 적절한 것은?

8857-0001

찰칵!

※ EBSi 사이트 및 모바일, EBSi 고교강의 앱에서 이용이 가능합니다.
※ 사진 검색은 EBSi 고교강의 앱에서만 이용하실 수 있습니다.

교사 교사지원센터 교재 자료실

교재 문항 한글 문서(HWP)와
교재의 이미지 파일을 무료로 제공합니다.

교재 자료실

⬇ 한글다운로드

🖼 교재이미지 활용

≋ 강의활용자료

※ 교사지원센터(http://teacher.ebsi.co.kr) 접속 후 '교사인증'을 통해 이용 가능

01 중복순열과 중복조합

1 원순열

(1) 서로 다른 n개를 원형으로 배열하는 순열을 원순열이라고 한다. 원순열에서는 회전하여 일치하는 경우 모두 같은 것으로 본다.

(2) 서로 다른 n개를 일렬로 배열하는 경우의 수는 $_n\mathrm{P}_n=n!$이지만 이것을 원형으로 배열하면 같은 것이 n개씩 생긴다. 따라서 서로 다른 n개를 원형으로 배열하는 원순열의 수는

$$\frac{_n\mathrm{P}_n}{n}=\frac{n!}{n}=(n-1)!$$

 1 그림과 같이 정육각형을 6등분한 영역에 A, B를 포함한 서로 다른 6가지의 색을 모두 이용하여 칠하려고 할 때, 다음을 구하시오.

(단, 회전하여 일치하는 것은 같은 것으로 본다.)

(1) 6가지의 색으로 칠하는 경우의 수
(2) A와 B를 이웃하도록 칠하는 경우의 수

풀이 (1) 6가지의 색을 이용하여 정육각형의 각 영역에 칠하는 경우의 수는 원순열의 수와 같으므로
$(6-1)!=5!=5\times4\times3\times2\times1=120$

(2) A와 B를 하나의 색으로 생각하면 모두 5가지 색이므로 5가지 색을 정육각형의 각 영역에 칠하는 경우의 수는
$(5-1)!=4!=4\times3\times2\times1=24$ ⎯ A, B 2가지 색을 먼저 칠한 후 나머지 4곳에 4가지 색을 칠한다고 생각해도 된다.
이때 각 경우에 대하여 A와 B를 바꿔서 칠하는 경우의 수는 $2!$
따라서 구하는 경우의 수는 $24\times2!=24\times2=48$

📑 (1) 120 (2) 48

 유제

🔵 8857-0001

1 여학생 3명, 남학생 4명이 원형의 탁자에 둘러앉을 때, 여학생끼리는 서로 이웃하여 앉는 경우의 수를 구하시오. (단, 회전하여 일치하는 것은 같은 것으로 본다.)

🔵 8857-0002

2 네 쌍의 부부가 일정한 간격으로 원탁에 앉을 때, 부부끼리 이웃하여 앉는 경우의 수는?

(단, 회전하여 일치하는 것은 같은 것으로 본다.)

① 90 　　　② 96 　　　③ 102 　　　④ 108 　　　⑤ 114

2 중복순열

(1) 서로 다른 n개에서 중복을 허용하여 r개를 택하여 일렬로 배열하는 것을 중복순열이라 하고, 이 중복순열의 수를 기호로 ${}_n\Pi_r$와 같이 나타낸다.

(2) 서로 다른 n개에서 중복을 허용하여 r개를 택하여 일렬로 배열할 때, 첫 번째, 두 번째, 세 번째, $\cdots$, r번째 자리에 올 수 있는 것은 각각 n가지이므로 중복순열의 수는 곱의 법칙에 의하여

$$_n\Pi_r = \underbrace{n \times n \times \cdots \times n}_{r개} = n^r$$

Plus

❶ 중복순열에서는 중복을 허용하여 택할 수 있기 때문에 $n < r$일 수도 있다.

 2 5개의 숫자 1, 2, 3, 4, 5 중에서 중복을 허용하여 만들 수 있는 세 자리 자연수의 개수를 구하시오.

풀이 5개의 숫자 1, 2, 3, 4, 5 중에서 중복을 허용하여 3개의 숫자를 택할 때, 백의 자리에 올 수 있는 숫자는 1, 2, 3, 4, 5의 5가지이다. 5개의 숫자 중에서 중복을 허용하여 3개의 숫자를 택하는 경우의 수이므로 중복순열의 수 ${}_5\Pi_3$를 이용한다.
마찬가지로 십의 자리에 올 수 있는 숫자도 5가지, 일의 자리에 올 수 있는 숫자도 5가지이므로 구하는 경우의 수는
$$_5\Pi_3 = 5 \times 5 \times 5 = 5^3 = 125$$

🔲 125

🔵 8857-0003

 3 6개의 숫자 0, 1, 2, 3, 4, 5 중에서 중복을 허용하여 만들 수 있는 세 자리 자연수의 개수는?

① 120 　　 ② 140 　　 ③ 160 　　 ④ 180 　　 ⑤ 200

🔵 8857-0004

4 선준, 종현, 준형, 희경이가 국어, 영어, 수학 중에서 한 과목을 선택하는 경우의 수는?

① 75 　　 ② 78 　　 ③ 81 　　 ④ 84 　　 ⑤ 87

3 같은 것이 있는 순열

(1) 같은 것이 있는 순열의 수

n개 중에서 서로 같은 것이 각각 p개, q개, $\cdots$, r개씩 있을 때, 이들 n개를 모두 일렬로 배열하는 순열의 수는

$$\frac{n!}{p!q!\cdots r!} \ (\text{단}, p+q+\cdots+r=n)$$

(2) 순서가 정해진 순열의 수

서로 다른 n개 중에서 특정한 r개의 순서가 정해졌을 때, 이들 n개를 일렬로 나열하는 순열의 수는 $\dfrac{n!}{r!}$

Plus

❶ 특정한 r개의 순서가 정해지면 이 정해진 r개는 모두 같은 것으로 생각하여 같은 것이 있는 순열의 수를 이용하면 된다.

예제 3 다음을 일렬로 배열하는 경우의 수를 구하시오.

(1) 1, 2, 2, 3, 3

(2) a, a, a, b, b, b

풀이 (1) 5개의 숫자 중에서 1이 1개, 2가 2개, 3이 2개이므로 1, 2, 2, 3, 3을 모두 일렬로 배열하는 경우의 수는 같은 것이 있는 순열의 수를 이용하면 <u>구하는 경우의 수는</u>

$$\frac{5!}{1!2!2!}=\frac{120}{4}=30$$

└─ 같은 것이 1개 이상 있을 때 같은 것이 있는 순열의 수 $\dfrac{n!}{p!q!\cdots r!}$를 이용한다.

(2) 6개의 문자 중에서 a가 3개, b가 3개 있으므로 a, a, a, b, b, b를 모두 일렬로 배열하는 경우의 수는 같은 것이 있는 순열의 수를 이용하면 <u>구하는 경우의 수는</u>

$$\frac{6!}{3!3!}=\frac{720}{36}=20$$

└─ 같은 것이 1개 이상 있을 때 같은 것이 있는 순열의 수 $\dfrac{n!}{p!q!\cdots r!}$를 이용한다.

📋 (1) 30 (2) 20

○ 8857-0005

5 5개의 문자 h, a, p, p, y를 일렬로 배열하는 경우의 수는?

① 60　　　② 62　　　③ 64　　　④ 66　　　⑤ 68

○ 8857-0006

6 6개의 문자 a, b, c, d, e, f를 일렬로 나열할 때, a, c, e의 순서로 나열하는 경우의 수를 구하시오.

4 최단 거리로 가는 경로의 수

바둑판 모양의 도로망에서 도로를 따라 두 지점 사이를 최단 거리로 가는 경로의 수는 가로 방향으로 한 칸 움직이는 이동과 세로 방향으로 한 칸 움직이는 이동을 필요한 횟수만큼 일렬로 나열하는 경우의 수, 즉 같은 것이 있는 순열의 수와 같다.

그림과 같이 가로 방향의 칸의 개수가 m, 세로 방향의 칸의 개수가 n일 때, 이 도로망을 따라 A 지점에서 B 지점까지 최단 거리로 가는 경로의 수는

$$\frac{(m+n)!}{m!n!}$$

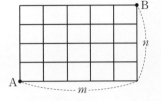

Plus

❶ 오른쪽으로 한 칸 이동하는 것을 a, 위쪽으로 한 칸 이동하는 것을 b라 하면 A 지점에서 B 지점까지 최단 거리로 가는 경로의 수는 a를 m개, b를 n개, 즉

$$\underbrace{a, a, \cdots, a}_{m개}, \underbrace{b, b, \cdots, b}_{n개}$$

를 일렬로 나열하는 경우의 수와 같다.

 4 그림과 같이 A 지점과 B 지점을 연결하는 도로망이 있다. 다음을 구하시오.

⑴ A 지점에서 B 지점으로 가는 최단 경로의 수
⑵ A 지점에서 C 지점을 지나 B 지점으로 가는 최단 경로의 수

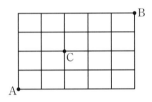

풀이 ⑴ A 지점에서 B 지점까지 최단 경로로 가려면 오른쪽으로 5칸, 위쪽으로 4칸을 이동해야 한다.
오른쪽으로 한 칸 이동하는 것을 a, 위쪽으로 한 칸 이동하는 것을 b라 하면 최단 경로로 가는 경로의 수는 $a, a, a, a, a, b, b, b, b$를 일렬로 나열하는 순열의 수와 같다.
따라서 구하는 최단 경로의 수는 $\dfrac{9!}{5!4!}=126$ ── 같은 것이 있는 순열을 이용한다.

⑵ A 지점에서 C 지점으로 가는 최단 경로의 수는 오른쪽으로 2칸, 위쪽으로 2칸을 이동해야 하므로
$$\frac{4!}{2!2!}=6$$
C 지점에서 B 지점으로 가는 최단 경로의 수는 오른쪽으로 3칸, 위쪽으로 2칸을 이동해야 하므로
$$\frac{5!}{3!2!}=10$$
따라서 A 지점에서 C 지점을 지나 B 지점으로 가는 최단 경로의 수는 $6 \times 10 = 60$
── 곱의 법칙을 이용한다.

目 ⑴ 126 ⑵ 60

○ 8857-0007

 7 그림과 같은 도로망에서 A 지점을 출발하여 B 지점으로 가는 최단 경로의 수를 구하시오.

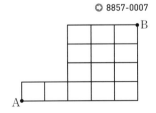

01 중복순열과 중복조합

5 중복조합

(1) 서로 다른 n개에서 중복을 허용하여 r개를 택하는 것을 중복조합이라 하고, 이 중복조합의 수를 기호로 $_nH_r$와 같이 나타낸다.

(2) 중복조합의 수

$$_nH_r = {}_{n+r-1}C_r = \frac{(n+r-1)!}{r!(n-1)!}$$
❶

Plus

❶ $_nH_r$는 $\{r+(n-1)\}$개 중에서 서로 같은 것이 각각 r개, $(n-1)$개 있을 때, $\{r+(n-1)\}$개를 일렬로 배열하는 것과 같다.

 5 5개의 문자 a, b, c, d, e 중에서 중복을 허용하여 6개의 문자를 택하는 경우의 수는?

① 170   ② 180   ③ 190   ④ 200   ⑤ 210

풀이 5개의 문자 a, b, c, d, e 중에서 중복을 허용하여 6개의 문자를 택하는 경우의 수는 중복조합의 수와 같으므로 구하는 경우의 수는

— 중복조합 $_nH_r$에서는 중복을 허용하기 때문에 $n < r$도 가능하다.

$$_5H_6 = {}_{5+6-1}C_6 = {}_{10}C_6 = {}_{10}C_4 = \frac{10 \times 9 \times 8 \times 7}{4 \times 3 \times 2 \times 1} = 210$$

답 ⑤

○ 8857-0008

8 같은 종류의 사탕 8개를 서로 다른 종류의 포장지 3개에 빈 포장지가 없도록 넣은 경우의 수는?

① 17   ② 18   ③ 19   ④ 20   ⑤ 21

○ 8857-0009

9 빨간 공 4개, 파란 공 3개를 4명의 학생들에게 나누어 주는 경우의 수를 구하시오.

(단, 공을 한 개도 받지 못하는 학생들이 있을 수 있다.)

6 정수해와 중복조합

방정식 $x+y+z=n$ (n은 자연수)를 만족시키는 x, y, z에 대하여

(1) 음이 아닌 정수 x, y, z의 모든 순서쌍 (x, y, z)의 개수

$$_3\mathrm{H}_n$$

(2) 자연수 x, y, z의 모든 순서쌍 (x, y, z)의 개수

$$_3\mathrm{H}_{n-3} \ (n \geq 3)$$

Plus

❶ $x \geq 1$, $y \geq 1$, $z \geq 1$이
므로 $x=a+1$,
$y=b+1$, $z=c+1$로
놓으면
$a+b+c=n-3$
(단, $a \geq 0$, $b \geq 0$, $c \geq 0$)
이 된다.

 예제 6 방정식 $x+y+z=8$에 대하여 다음을 구하시오.

(1) x, y, z가 모두 음이 아닌 정수인 해의 개수

(2) x, y, z가 모두 자연수인 해의 개수

풀이 (1) ┌ 방정식 $x+y+z=n$의 음이 아닌 정수인 해의 개수는 $_3\mathrm{H}_n$

방정식 $x+y+z=8$의 해의 개수는 3개의 문자 x, y, z에서 중복을 허용하여 8개를 택하는 중복조합의

┌ $x=3$, $y=4$, $z=1$은 $xxxyyyyz$로 생각할 수 있다.

수와 같으므로 $_3\mathrm{H}_8 = {_{3+8-1}}\mathrm{C}_8 = {_{10}}\mathrm{C}_8 = {_{10}}\mathrm{C}_2 = \dfrac{10 \times 9}{2 \times 1} = 45$

┌ 방정식 $x+y+z=n$의 자연수인 해의 개수는 $_3\mathrm{H}_{n-3}$

(2) x, y, z가 모두 자연수이므로 $x \geq 1$, $y \geq 1$, $z \geq 1$이다.

$x=a+1$, $y=b+1$, $z=c+1$로 놓으면 $a \geq 0$, $b \geq 0$, $c \geq 0$이 된다.

$x+y+z=8$에서 $(a+1)+(b+1)+(c+1)=8$

즉, $a+b+c=5$

x, y, z가 모두 자연수인 해의 개수는 방정식 $a+b+c=5$의 음이 아닌 정수해의 개수와 같으므로

구하는 해의 개수는 $_3\mathrm{H}_5 = {_{3+5-1}}\mathrm{C}_5 = {_7}\mathrm{C}_5 = {_7}\mathrm{C}_2 = \dfrac{7 \times 6}{2 \times 1} = 21$

🗊 (1) 45 (2) 21

🔵 8857-0010

10 x, y, z가 $x \geq 1$, $y \geq 2$, $z \geq 3$인 정수일 때, 방정식 $x+y+z=13$을 만족시키는 모든 순서쌍 (x, y, z)의 개수는?

① 28   ② 32   ③ 36   ④ 40   ⑤ 44

🔵 8857-0011

11 같은 종류의 볼펜 9자루를 3명의 학생에게 나누어 줄 때, 각 학생에게 적어도 1개씩 나누어 주는 경우의 수를 구하시오.

7 다항식과 중복조합

$(a+b+c)^n$ (n은 자연수)의 전개식에서 각 항은 음이 아닌 세 정수 x, y, z에 대하여 $ka^xb^yc^z$ (단, $x+y+z=n$, k는 상수)의 꼴이므로 서로 다른 항의 개수는 방정식 $x+y+z=n$ 의 음이 아닌 정수해의 개수와 같다.

따라서 $(a+b+c)^n$ (n은 자연수)의 전개식의 서로 다른 항의 개수는 $_3H_n$이다.

> **Plus**
> ❶ $(a_1+a_2+\cdots+a_m)^n$ 의 전개식의 서로 다른 항의 개수는 $_mH_n$

예제 7 다음 식을 전개할 때 생기는 서로 다른 항의 개수를 구하시오.

(1) $(a-b+c)^5$ (2) $(x+2y+3z)^9$

풀이 (1) $(a-b+c)^5$을 전개할 때 생기는 서로 다른 항은 $ka^xb^yc^z$ (단, x, y, z는 음이 아닌 정수, k는 상수)의 꼴로 방정식 $x+y+z=5$를 만족시키는 음이 아닌 정수 x, y, z의 모든 순서쌍 (x, y, z)의 개수와 같다.

따라서 서로 다른 항의 개수는   — 단항식 $ka^xb^yc^z$가 a, b, c에 대한 5차식이므로 $x+y+z=5$이다.

$$_3H_5=_{3+5-1}C_5=_7C_5=_7C_2=\frac{7\times6}{2\times1}=21$$

(2) $(x+2y+3z)^9$을 전개할 때 생기는 서로 다른 항은 $kx^py^qz^r$ (단, p, q, r는 음이 아닌 정수, k는 상수)의 꼴로 방정식 $p+q+r=9$를 만족시키는 음이 아닌 정수 p, q, r의 모든 순서쌍 (p, q, r)의 개수와 같다.

따라서 서로 다른 항의 개수는

$$_3H_9=_{3+9-1}C_9=_{11}C_9=_{11}C_2=\frac{11\times10}{2\times1}=55$$

답 (1) 21 (2) 55

유제

○ 8857-0012

12 $(x+y-z)^n$을 전개할 때 생기는 서로 다른 항의 개수가 28일 때, 자연수 n의 값을 구하시오.

○ 8857-0013

13 $(x+y)(a+b+c)^5$을 전개할 때 생기는 서로 다른 항의 개수를 구하시오.

기본 핵심 문제

| 원순열 | 8857-0014

1 6명의 학생 A, B, C, D, E, F가 원형의 탁자에 둘러앉을 때, A, B가 이웃하지 않는 경우의 수는?

① 72　　　　　② 74　　　　　③ 76　　　　　④ 78　　　　　⑤ 80

| 중복순열 | 8857-0015

2 5개의 숫자 1, 2, 3, 4, 5 중에서 중복을 허용하여 네 자리 자연수를 만들 때, 3000보다 작은 자연수의 개수는?

① 210　　　　② 220　　　　③ 230　　　　④ 240　　　　⑤ 250

| 같은 것이 있는 순열 | 8857-0016

3 8개의 문자 a, a, b, b, b, c, c, c를 일렬로 배열할 때, 양 끝에 c가 놓이도록 배열하는 경우의 수는?

① 58　　　　　② 60　　　　　③ 62　　　　　④ 64　　　　　⑤ 66

| 중복조합 | 8857-0017

4 3명의 후보가 출마한 선거에서 8명의 유권자가 1명의 후보에게 투표할 때, 무기명으로 투표하는 경우의 수는? (단, 기권이나 무효표는 없는 것으로 한다.)

① 35　　　　　② 40　　　　　③ 45　　　　　④ 50　　　　　⑤ 55

| 정수해와 중복조합 | 8857-0018

5 방정식 $x+y+z+3w=8$을 만족시키는 음이 아닌 정수 x, y, z, w의 모든 순서쌍 (x, y, z, w)의 개수를 구하시오.

02 이항정리

◼ 이항정리

n이 자연수일 때,

$$(a+b)^n={}_nC_0a^n+{}_nC_1a^{n-1}b+\cdots+{}_nC_ra^{n-r}b^r+\cdots+{}_nC_nb^n$$

이 성립하고, 이를 이항정리라 한다.

또 $(a+b)^n$의 전개식에서 각 항의 계수

$${}_nC_0,\ {}_nC_1,\ \cdots,\ {}_nC_r,\ \cdots,\ {}_nC_n$$ ●

을 이항계수라 하고, ${}_nC_ra^{n-r}b^r$ (단, $r=0,\ 1,\ 2,\ \cdots,\ n,\ a^0=b^0=1$)을 일반항이라고
한다.

Plus

● ・${}_nC_0={}_nC_n=1$
・${}_nC_r={}_nC_{n-r}$
・${}_nC_r=\dfrac{n!}{r!(n-r)!}$

예제 1 $(2a+b)^4$을 전개할 때, 다음 값을 구하시오.

(1) a^2b^2의 계수

(2) a^3b의 계수

풀이 $(2a+b)^4$의 전개식의 일반항은

$${}_4C_r(2a)^{4-r}b^r={}_4C_r2^{4-r}a^{4-r}b^r$$ (단, $r=0,\ 1,\ 2,\ 3,\ 4,\ (2a)^0=b^0=1$)

$(ab)^n=a^nb^n$이 성립한다.

(1) a^2b^2항은 $4-r=2$일 때이므로 $r=2$

따라서 a^2b^2의 계수는 ${}_4C_22^2=\dfrac{4\times3}{2\times1}\times4=24$

(2) a^3b항은 $4-r=3$일 때이므로 $r=1$

따라서 a^3b의 계수는 ${}_4C_12^3=4\times8=32$

답 (1) 24 (2) 32

● 8857-0019

1 $(2x+3y)^6$의 전개식에서 x^2y^4의 계수는?

① 4850   ② 4860   ③ 4870   ④ 4890   ⑤ 4900

● 8857-0020

2 $(x^2-x)^7$의 전개식에서 x^{10}의 계수를 구하시오.

2 $(a+b)^m(c+d)^n$의 전개식

$(a+b)^m(c+d)^n$의 전개식의 일반항은 $(a+b)^m$의 전개식의 일반항과 $(c+d)^n$의 전개식의 일반항의 곱이 된다.

따라서 $(a+b)^m(c+d)^n$의 전개식의 일반항은

$$_mC_r a^{m-r} b^r \times {}_nC_s c^{n-s} d^s$$

$$(단, r=0, 1, 2, \cdots, m, s=0, 1, 2, \cdots, n, a^0=b^0=c^0=d^0=1)$$

Plus

a, b가 임의의 실수이고, m, n이 양의 정수일 때
• $a^m a^n = a^{m+n}$
• $(a^m)^n = a^{mn}$
• $(ab)^n = a^n b^n$

 2 $(x^2+2x)^3(x+3)^5$의 전개식에서 x^{10}의 계수는?

① 21   ② 22   ③ 23   ④ 24   ⑤ 25

풀이 $(x^2+2x)^3$의 전개식의 일반항은

$_3C_r(x^2)^{3-r}(2x)^r = {}_3C_r 2^r x^{6-2r} x^r = {}_3C_r 2^r x^{6-r}$ (단, $r=0, 1, 2, 3$, $(x^2)^0=(2x)^0=1$)

$(x+3)^5$의 전개식의 일반항은 $\overline{\quad\quad} (a^m)^n = a^{mn}, (ab)^n = a^n b^n$

$_5C_s x^{5-s} 3^s = {}_5C_s 3^s x^{5-s}$ (단, $s=0, 1, 2, \cdots, 5$, $x^0=3^0=1$)

따라서 $(x^2+2x)^3(x+3)^5$의 전개식의 일반항은

$_3C_r 2^r x^{6-r} \times {}_5C_s 3^s x^{5-s} = {}_3C_r \times {}_5C_s 2^r 3^s x^{11-r-s}$

x^{10}항은 $11-r-s=10$, $r+s=1$일 때이므로 $\overline{\quad} a^m a^n = a^{m+n}$

$r=0$, $s=1$ 또는 $r=1$, $s=0$

(ⅰ) $r=0$, $s=1$일 때 x^{10}의 계수는

$\quad {}_3C_0 \times {}_5C_1 \times 3 = 15$

(ⅱ) $r=1$, $s=0$일 때 x^{10}의 계수는

$\quad {}_3C_1 \times {}_5C_0 \times 2 = 6$

(ⅰ), (ⅱ)에서 x^{10}의 계수는 $15+6=21$

답 ①

◎ 8857-0021

 3 $(x^2+2)(x-1)^7$의 전개식에서 x^5의 계수는?

① 73   ② 75   ③ 77   ④ 79   ⑤ 81

◎ 8857-0022

4 $(x+1)^4(x-2)^5$의 전개식에서 x^8의 계수를 구하시오.

02 이항정리

❸ 파스칼의 삼각형

$(a+b)^n$의 전개식에서 $n=1, 2, 3, \cdots$일 때, 다음과 같이 이항계수를 차례로 배열하여 삼각형 모양으로 나타낼 수 있다.

이와 같은 이항계수의 배열을 파스칼의 삼각형이라고 한다.

$(a+b)^1$ ${}_1C_0 \ {}_1C_1$ 1   1

$(a+b)^2$ ${}_2C_0 \ {}_2C_1 \ {}_2C_2$ 1   2   1

$(a+b)^3$ ${}_3C_0 \ {}_3C_1 \ {}_3C_2 \ {}_3C_3$ ⇒   1   3   3   1

$(a+b)^4$ ${}_4C_0 \ {}_4C_1 \ {}_4C_2 \ {}_4C_3 \ {}_4C_4$ 1   4   6   4   1

$(a+b)^5$ ${}_5C_0 \ {}_5C_1 \ {}_5C_2 \ {}_5C_3 \ {}_5C_4 \ {}_5C_5$ 1   5   10   10   5   1

$\vdots$ $\vdots$ $\vdots$

Plus

각 수는 그 수의 왼쪽 위와 오른쪽 위에 있는 두 수의 합과 같고, 각 행의 수는 좌우대칭이다.

따라서

• ${}_nC_r = {}_{n-1}C_{r-1} + {}_{n-1}C_r$

• ${}_nC_r = {}_nC_{n-r}$

이 성립한다.

예제 3   파스칼의 삼각형을 이용하여 다음을 전개하시오.

(1) $(x+y)^4$ (2) $(a-2b)^5$

풀이 (1) 파스칼의 삼각형에 의하여 ─ $n=4$일 때, 이항계수는 1, 4, 6, 4, 1이다.

$$(x+y)^4 = x^4 + 4x^3y + 6x^2y^2 + 4xy^3 + y^4$$

(2) 파스칼의 삼각형에 의하여 ─ $n=5$일 때, 이항계수는 1, 5, 10, 10, 5, 1이다.

$$(a-2b)^5 = a^5 + 5a^4(-2b) + 10a^3(-2b)^2 + 10a^2(-2b)^3 + 5a(-2b)^4 + (-2b)^5$$
$$= a^5 - 10a^4b + 40a^3b^2 - 80a^2b^3 + 80ab^4 - 32b^5$$

답 (1) $x^4 + 4x^3y + 6x^2y^2 + 4xy^3 + y^4$

(2) $a^5 - 10a^4b + 40a^3b^2 - 80a^2b^3 + 80ab^4 - 32b^5$

○ 8857-0023

유제

5 파스칼의 삼각형을 이용하여 ${}_2C_0 + {}_3C_1 + {}_4C_2 + {}_5C_3$의 값을 구하시오.

○ 8857-0024

6 파스칼의 삼각형을 이용하여 ${}_2C_2 + {}_3C_2 + {}_4C_2 + {}_5C_2 + {}_6C_2 + {}_7C_2$의 값을 구하시오.

이항계수의 성질 (1)

Plus
$(1+x)^n$의 전개식에
❶에는 $x=1$을, ❷에는
$x=-1$을 대입한다.

모든 자연수 n에 대하여 다음이 성립한다.

① $_nC_0+_nC_1+_nC_2+\cdots+_nC_n=2^n$ ❶

② $_nC_0-_nC_1+_nC_2-_nC_3+\cdots+(-1)^n{}_nC_n=0$ ❷

③ n이 홀수일 때,

$_nC_0+_nC_2+_nC_4+\cdots+_nC_{n-1}=_nC_1+_nC_3+_nC_5+\cdots+_nC_n=2^{n-1}$

n이 짝수일 때,

$_nC_0+_nC_2+_nC_4+\cdots+_nC_n=_nC_1+_nC_3+_nC_5+\cdots+_nC_{n-1}=2^{n-1}$

예제 4

$(1+x)^{10}$의 전개식을 이용하여 다음 식의 값을 구하시오.

(1) $_{10}C_0+_{10}C_1+_{10}C_2+\cdots+_{10}C_{10}$

(2) $_{10}C_0+_{10}C_2+_{10}C_4+\cdots+_{10}C_{10}$

풀이 이항정리에 의하여

$(1+x)^{10}=_{10}C_0+_{10}C_1x+_{10}C_2x^2+\cdots+_{10}C_{10}x^{10}$ ...... ㉠

(1) ㉠의 양변에 $x=1$을 대입하면 $(a+b)^n$의 전개식에서 $a=1$, $b=x$, $n=10$을 대입한다.

$2^{10}=_{10}C_0+_{10}C_1+_{10}C_2+\cdots+_{10}C_{10}$ ...... ㉡

따라서 $_{10}C_0+_{10}C_1+_{10}C_2+\cdots+_{10}C_{10}=2^{10}=1024$

(2) ㉠의 양변에 $x=-1$을 대입하면

$0=_{10}C_0-_{10}C_1+_{10}C_2-\cdots+_{10}C_{10}$ ...... ㉢

㉡+㉢을 계산하면

$2^{10}=2(_{10}C_0+_{10}C_2+_{10}C_4+\cdots+_{10}C_{10})$

따라서 $_{10}C_0+_{10}C_2+_{10}C_4+\cdots+_{10}C_{10}=2^9=512$

답 (1) 1024 (2) 512

유제

● 8857-0025

7 $_8C_1+_8C_2+_8C_3+\cdots+_8C_7$의 값을 구하시오.

● 8857-0026

8 $_9C_1-_8C_2+_9C_3-_8C_4+_9C_5-_8C_6+_9C_7-_8C_8$의 값을 구하시오.

5 이항계수의 성질 (2)

두 자연수 n, k와 실수 m에 대하여 다음이 성립한다.

① $_nC_0+_nC_1m+_nC_2m^2+\cdots+_nC_nm^n=(1+m)^n$

② $n=2k+1$ $(k=1, 2, 3, \cdots)$일 때

$_nC_0+_nC_1+_nC_2+\cdots+_nC_k$
$=_nC_{k+1}+_nC_{k+2}+_nC_{k+3}+\cdots+_nC_{2k+1}$ ❶
$=2^{n-1}$

Plus

❶ $_nC_r=_nC_{n-r}$이므로
$_nC_0=_nC_{2k+1}$
$_nC_1=_nC_{2k}$
⋮
$_nC_k=_nC_{k+1}$

 5

$_5C_0+3_5C_1+3^2{}_5C_2+\cdots+3^5{}_5C_5$의 값은?

① 1010   ② 1014   ③ 1016   ④ 1020   ⑤ 1024

풀이 $(1+x)^5=_5C_0+_5C_1x+_5C_2x^2+\cdots+_5C_5x^5$의 양변에 $x=3$을 대입하면

$(1+3)^5=_5C_0+_5C_13+_5C_23^2+\cdots+_5C_53^5$ — $(a+b)^n$의 전개식에서 $a=1$, $b=x$, $n=5$를 대입한다.

따라서 구하는 값은

$_5C_0+3_5C_1+3^2{}_5C_2+\cdots+3^5{}_5C_5=4^5=2^{10}=1024$

답 ⑤

○ 8857-0027

9 $_{13}C_1+_{13}C_2+_{13}C_3+\cdots+_{13}C_6$의 값은?

① $2^{11}-2$ ② $2^{11}-1$ ③ $2^{12}-1$ ④ $2^{12}-2$ ⑤ $2^{13}-1$

○ 8857-0028

10 부등식 $1000<_{2n+1}C_0+_{2n+1}C_1+_{2n+1}C_2+\cdots+_{2n+1}C_n<2000$을 만족시키는 자연수 n의 값을 구하시오.

정답과 풀이 5쪽

1 | 이항정리 |

8857-0029

$(ax+2)^5$의 전개식에서 x^3의 계수가 5일 때, 실수 a의 값은?

① $\dfrac{1}{4}$ ② $\dfrac{1}{2}$ ③ 1   ④ 2   ⑤ 4

2 | 파스칼의 삼각형 |

8857-0030

$_3C_3 + {_4C_3} + {_5C_3} + \cdots + {_{10}C_3}$의 값은?

① 300   ② 310   ③ 320   ④ 330   ⑤ 340

3 | 이항계수의 성질 |

8857-0031

자연수 n에 대하여 방정식 $({_7C_0} + {_7C_2} + {_7C_4} + {_7C_6})({_{2n}C_0} + {_{2n}C_2} + {_{2n}C_4} + \cdots + {_{2n}C_{2n}}) = 2^{21}$을 만족시키는 n의 값은?

① 7   ② 8   ③ 9   ④ 10   ⑤ 11

4 | 이항계수의 성질 |

8857-0032

$\dfrac{2^{10} {_{10}C_0} - 2^9 {_{10}C_1} + 2^8 {_{10}C_2} - \cdots + {_{10}C_{10}}}{2^{11}} = \left(\dfrac{1}{p}\right)^q$일 때, 두 자연수 p, q에 대하여 $p+q$의 값을 구하시오.

(단, $p<q$이다.)

◉ 8857-0033

1 6명의 학생 A, B, C, D, E, F가 원형의 탁자에 둘러앉을 때, A, B가 마주 보고 앉는 경우의 수를 a, A, B가 서로 이웃하여 앉는 경우의 수를 b라 하자. $a+b$의 값은?

(단, 회전하여 일치하는 것은 같은 것으로 본다.)

① 60 　　　② 64 　　　③ 68

④ 72 　　　⑤ 76

◉ 8857-0034

2 그림과 같이 중심이 같은 원 두 개와 중심을 지나고 수직인 두 선분으로 이루어진 도형이 있다. 원의 내부에 만들어지는 8개의 영역에 8가지의 서로 다른 색을 모두 사용하여 칠하려고 한다. 색칠한 결과로 나올 수 있는 경우의 수는?

(단, 한 영역에는 한 가지 색만 칠하고, 회전하여 일치하는 것은 같은 것으로 본다.)

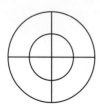

① $7!$ 　　　② $\dfrac{8!}{6}$ 　　　③ $\dfrac{8!}{4}$

④ $\dfrac{8!}{2}$ 　　　⑤ $8!$

◉ 8857-0035

3 두 집합 $X=\{1, 2, 3, 4\}$, $Y=\{a, b, c, d, e\}$에 대하여 함수 $f : X \longrightarrow Y$ 중에서 $f(1)\neq a$, $f(2)\neq b$인 함수의 개수는?

① 320 　　　② 340 　　　③ 360

④ 380 　　　⑤ 400

◉ 8857-0036

4 6개의 숫자 1, 1, 1, 2, 2, 3 중에서 4개의 숫자를 택하여 만들 수 있는 서로 다른 네 자리 자연수의 개수는?

① 38 　　　② 39 　　　③ 40

④ 41 　　　⑤ 42

○ 8857-0037

5 같은 종류의 연필 5자루와 서로 다른 종류의 볼펜 4자루를 3명의 학생에게 남김없이 나누어 주는 경우의 수는? (단, 연필과 볼펜을 한 자루도 받지 못하는 학생이 있을 수 있다.)

① 1700   ② 1701   ③ 1702

④ 1703   ⑤ 1704

○ 8857-0039

7 부등식 $x+y+z\leq11$을 만족시키는 세 홀수 x, y, z의 모든 순서쌍 (x, y, z)의 개수는?

① 31   ② 32   ③ 33

④ 34   ⑤ 35

○ 8857-0038

6 그림과 같이 정사각형 모양으로 연결된 도로망이 있다. 이 도로망을 따라 A 지점을 출발하여 B 지점까지 최단거리로 갈 때, P 지점은 지나고 Q 지점은 지나지 않는 경우의 수는?

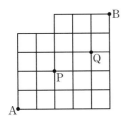

① 66   ② 68   ③ 70

④ 72   ⑤ 74

○ 8857-0040

8 $(x+a)^{10}$의 전개식에서 x^2의 계수와 x^3의 계수가 서로 같을 때, 상수 a의 값은? (단, $a\neq0$)

① $\dfrac{8}{3}$ ② 3   ③ $\dfrac{10}{3}$

④ $\dfrac{11}{3}$ ⑤ 4

🔵 8857-0041

9 다항식
$(x+1)+(x+1)^2+(x+1)^3+\cdots+(x+1)^{10}$의
전개식에서 x^3의 계수는?

① 310   ② 320   ③ 330

④ 340   ⑤ 350

🔵 8857-0042

10 $\left(x^2-\dfrac{1}{x^2}\right)(x+2)^6$의 전개식에서 x^4의 계수를 구
하시오.

서술형 문항

🔵 8857-0043

11 자연수 x, y, z에 대하여 부등식
$1\leq x\leq y\leq 5\leq z<10$을 만족시키는 모든 순서쌍
(x, y, z)의 개수를 구하시오.

🔵 8857-0044

12 두 자연수 m, n에 대하여 $mn=18$일 때,
$(_mC_0+_mC_1+_mC_2+\cdots+_mC_m)$
$\times(_{2n}C_0+_{2n}C_2+_{2n}C_4+\cdots+_{2n}C_{2n})$의 최솟값이 2^k
이다. k의 값을 구하시오.

기출문항 변형

다음 조건을 만족시키는 음이 아닌 정수 a, b, c, d의 모든 순서쌍 (a, b, c, d)의 개수는?

(가) $a+b+c+5d=10$
(나) $a\le9$, $b\le9$, $c\le8$, $d\le1$

① 76　　② 78　　③ 80
④ 82　　⑤ 84

풀이

(나)에서 $d\le1$이므로 $d=0$ 또는 $d=1$이다.

(i) $d=0$일 때, $a+b+c=10$

방정식 $a+b+c=10$을 만족시키는 음이 아닌 정수 a, b, c의 모든 순서쌍 (a, b, c)의 개수는

$$_3H_{10}={}_{12}C_{10}={}_{12}C_2=\frac{12\times11}{2\times1}=66$$

$a\le9$, $b\le9$, $c\le8$이므로 [a가 10인 경우 또는 b가 10인 경우 또는 c가 9 또는 10인 경우를 제외한다.]
$(10, 0, 0)$, $(0, 10, 0)$, $(0, 0, 10)$, $(1, 0, 9)$, $(0, 1, 9)$의 5개는 제외되어야 하므로

$66-5=61$

(ii) $d=1$일 때, $a+b+c=5$

방정식 $a+b+c=5$를 만족시키는 음이 아닌 정수 a, b, c의 모든 순서쌍 (a, b, c)의 개수는

$$_3H_5={}_7C_5={}_7C_2=\frac{7\times6}{2\times1}=21$$

(i), (ii)에서 구하는 모든 순서쌍의 개수는

$61+21=82$

답 ④

수능 맛보기

○ 8857-0045

1 두 집합 $X=\{1, 2, 3, 4\}$, $Y=\{1, 2, 3, 4, 5\}$에 대하여 다음 조건을 만족시키는 함수 $f:X\longrightarrow Y$의 개수는?

(가) $f(2)=f(1)+1$
(나) 집합 X의 임의의 두 원소 a, b에 대하여 $a<b$이면 $f(a)\le f(b)$이다.

① 19　　② 20　　③ 21
④ 22　　⑤ 23

○ 8857-0046

2 같은 종류의 연필 8자루와 같은 종류의 공책 7권을 3명의 학생에게 나누어 줄 때, 각 학생에게 적어도 1자루의 연필을 나누어 주는 경우의 수를 구하시오.
　　(단, 공책을 받지 못하는 학생이 있을 수 있다.)

01 확률의 뜻과 활용

1 시행과 사건

(1) **시행**: 같은 조건에서 반복할 수 있고, 그 결과가 우연에 의해 결정되는 실험이나 관찰

(2) **사건**: 시행의 결과로 일어나는 것으로, 표본공간의 부분집합

(3) 표본공간 S의 부분집합인 두 사건 A, B에 대하여 A 또는 B가 일어나는 사건을 기호로 $A \cup B$로 나타내고, A와 B가 동시에 일어나는 사건을 기호로 $A \cap B$로 나타낸다.

Plus

❶ 표본공간이란 어떤 시행에서 일어날 수 있는 모든 가능한 결과 전체의 집합이다.

예제 1 한 개의 주사위를 던지는 시행에서 홀수의 눈이 나오는 사건을 A, 소수의 눈이 나오는 사건을 B, 4 이상의 눈이 나오는 사건을 C라 할 때, 다음 사건을 구하시오.

(1) $A \cup C$ (2) $B \cap C$ (3) $A \cap B$

풀이 한 개의 주사위를 던질 때 나올 수 있는 모든 경우는 $\{1, 2, 3, 4, 5, 6\}$이므로

$A = \{1, 3, 5\}$, $B = \{2, 3, 5\}$, $C = \{4, 5, 6\}$

(1) $A \cup C = \{1, 3, 4, 5, 6\}$ ⟵ A 또는 C가 일어나는 사건

(2) $B \cap C = \{5\}$ ⟵ B와 C가 동시에 일어나는 사건

(3) $A \cap B = \{3, 5\}$ ⟵ A와 B가 동시에 일어나는 사건

답 (1) $\{1, 3, 4, 5, 6\}$ (2) $\{5\}$ (3) $\{3, 5\}$

🔗 8857-0047

1 15 이하의 자연수 중에서 홀수의 눈이 나오는 사건을 A, 3의 배수의 눈이 나오는 사건을 B라 할 때, 사건 $A \cap B$의 모든 원소의 합을 구하시오.

🔗 8857-0048

2 자연수 n에 대하여 n 이하의 자연수가 나오는 사건을 A, 8의 양의 약수가 나오는 사건을 B라 하자. 사건 $A \cap B$의 모든 원소의 합이 7일 때, n의 최댓값을 구하시오.

2 배반사건과 여사건

(1) **배반사건**: 두 사건 A, B가 동시에 일어나지 않을 때, 즉 $A \cap B = \varnothing$일 때, 두 사건 A, B를 서로 배반이라 하고 이 두 사건을 서로 배반사건이라고 한다.

(2) **여사건**: 어떤 사건 A에 대하여 A가 일어나지 않을 사건을 A의 여사건이라 하고, 기호로 A^C과 같이 나타낸다.

Plus
• 두 사건 A, B가 서로 배반사건이면 $A \subset B^c$, $B \subset A^c$
• $A \cap A^c = \varnothing$이므로 사건 A와 그 여사건 A^c는 서로 배반사건이다.

 예제 2

1부터 10까지의 자연수가 각각 하나씩 적혀 있는 10장의 카드에서 임의로 1장의 카드를 뽑는 시행에서 짝수가 적힌 카드가 나오는 사건을 A, 3의 배수가 적힌 카드가 나오는 사건을 B, 5의 배수가 적힌 카드가 나오는 사건을 C라 할 때, 다음을 구하시오. (단, A^C는 A의 여사건이다.)

(1) $A^C \cap B$

(2) 세 사건 A, B, C 중에서 서로 배반인 두 사건

풀이 표본공간을 S라 하면 $S = \{1, 2, 3, \cdots, 10\}$이고
$A = \{2, 4, 6, 8, 10\}$, $B = \{3, 6, 9\}$, $C = \{5, 10\}$

(1) $A = \{2, 4, 6, 8, 10\}$이므로 $A^C = \{1, 3, 5, 7, 9\}$
 따라서 $A^C \cap B = \{3, 9\}$ $\quad A^C = S - A$

(2) $A \cap B = \{6\}$, $B \cap C = \varnothing$, $C \cap A = \{10\}$이므로 서로 배반인 두 사건은 B와 C이다.

답 (1) $\{3, 9\}$ (2) B와 C

 유제

8857-0049

3 한 개의 주사위를 던지는 시행에서 소수의 눈이 나오는 사건을 A라 하자. 사건 A와 서로 배반인 사건의 개수는?

① 1 ② 2 ③ 4 ④ 8 ⑤ 16

8857-0050

4 표본공간 $S = \{x \mid x$는 7 이하의 자연수$\}$에 대하여 두 사건 $A = \{2, 3, 5\}$, $B = \{1, 3, 7\}$일 때, $A^C \cap B^C$를 구하시오. (단, A^C는 A의 여사건이다.)

확률의 뜻과 활용

3 확률의 뜻

(1) **확률**: 어떤 사건에 대하여 그것이 일어날 가능성을 수로 나타낸 것을 확률이라 하고, 사건 A가 일어날 확률을 기호로 $P(A)$와 같이 나타낸다.

(2) **수학적 확률**: 표본공간이 S인 어떤 시행에서 각 결과가 일어날 가능성이 모두 같은 정도로 기대될 때, 사건 A가 일어날 수학적 확률은

$$P(A) = \frac{n(A)}{n(S)} = \frac{(\text{사건 } A\text{가 일어나는 경우의 수})}{(\text{일어날 수 있는 모든 경우의 수})}$$

Plus

❶ 주사위를 던질 때 각 눈이 나올 확률은 $\frac{1}{6}$로 동일하고, 동전을 던질 때 앞면과 뒷면이 나올 확률은 $\frac{1}{2}$로 동일하다.

예제 3 서로 다른 두 개의 주사위를 던질 때, 다음을 구하시오.

(1) 두 눈의 수의 합이 4 이하일 확률

(2) 두 눈의 수의 차가 2일 확률

풀이 두 개의 주사위를 동시에 던질 때 나오는 모든 경우의 수는 $6 \times 6 = 36$

(1) 두 눈의 수의 합이 4 이하인 경우를 순서쌍으로 나타내면 ── 각각의 주사위에서 나올 수 있는 경우의 수가 6가지이므로 곱의 법칙에 의하여 $6 \times 6 = 36$이다.

$(1, 1), (1, 2), (1, 3), (2, 1), (2, 2), (3, 1)$

의 6가지이므로 구하는 확률은 $\frac{6}{36} = \frac{1}{6}$

(2) 두 눈의 수의 차가 2인 경우를 순서쌍으로 나타내면

$(1, 3), (2, 4), (3, 5), (4, 6), (3, 1), (4, 2), (5, 3), (6, 4)$

의 8가지이므로 구하는 확률은 $\frac{8}{36} = \frac{2}{9}$

답 (1) $\frac{1}{6}$ (2) $\frac{2}{9}$

○ 8857-0051

5 A, B, C, D, E의 5명이 일렬로 설 때, A, B가 양 끝에 서게 될 확률은?

① $\frac{1}{10}$　　② $\frac{1}{5}$　　③ $\frac{3}{10}$　　④ $\frac{2}{5}$　　⑤ $\frac{1}{2}$

○ 8857-0052

6 1부터 10까지의 숫자가 하나씩 적힌 10장의 카드가 있다. 이 중에서 1장의 카드를 임의로 꺼낼 때, 이 카드에 적힌 수가 소수일 확률을 구하시오.

4 통계적 확률

같은 시행을 n회 반복할 때, 사건 A가 일어나는 횟수를 r_n이라 하면 n이 한없이 커질 때 상대도수 $\frac{r_n}{n}$이 일정한 값 p에 가까워진다.
이때 p를 사건 A의 통계적 확률이라고 한다.

Plus
통계적 확률을 구할 때 실제로 n의 값을 한없이 크게 할 수 없으므로 n이 충분히 클 때의 상대도수 $\frac{r_n}{n}$을 통계적 확률로 생각한다.

예제 4 어느 공장에서 생산되는 전구는 10000개당 12개의 불량품이 발생한다고 한다. 이 공장에서 생산되는 전구 한 개를 임의로 택할 때, 이 전구가 불량품일 확률은 구하시오.

풀이 생산되는 전구 10000개당 12개의 불량품이 발생하므로 전구 한 개를 임의로 택할 때,
이 전구가 불량품일 확률은 ($n=10000$은 충분히 큰 수이므로 상대도수 $\frac{r_n}{n}$을 통계적 확률로 생각할 수 있다.)
$\frac{12}{10000}=\frac{3}{2500}$

답 $\frac{3}{2500}$

유제

8857-0053

7 한 개의 동전을 3000번 던졌더니 앞면이 1000번 나왔다고 한다. 이 동전을 한 번 던졌을 때 앞면이 나올 확률과 한 개의 주사위를 던질 때, k 이상의 눈이 나올 확률이 서로 같았다. 상수 k의 값을 구하시오.
(단, 주사위의 각 눈이 나오는 확률은 모두 동일하다.)

8857-0054

8 주머니에 흰 공과 검은 공을 모두 합하여 9개의 공이 들어 있다. 이 주머니에서 임의로 2개의 공을 꺼내어 색을 확인하고 다시 넣은 시행을 반복하였더니 6번 중에서 1번 꼴로 2개가 모두 흰 공이었다. 이때 주머니 속에는 몇 개의 흰 공이 들어 있다고 생각할 수 있는지 구하시오.

5 확률의 덧셈정리(1)

표본공간 S의 부분집합인 두 사건 A, B에 대하여

$n(A \cup B) = n(A) + n(B) - n(A \cap B)$이므로 이 식의 양변을 $n(S)$로 나누면

$$\frac{n(A \cup B)}{n(S)} = \frac{n(A)}{n(S)} + \frac{n(B)}{n(S)} - \frac{n(A \cap B)}{n(S)}$$

따라서 $\mathrm{P}(A \cup B) = \mathrm{P}(A) + \mathrm{P}(B) - \mathrm{P}(A \cap B)$

Plus

확률의 기본 성질
- $0 \leq \mathrm{P}(A) \leq 1$
- $\mathrm{P}(S) = 1$
- $\mathrm{P}(\varnothing) = 0$

예제 5 1부터 100까지의 자연수 중에서 임의로 한 개의 수를 택할 때, 그 수가 4의 배수 또는 5의 배수일 확률을 구하시오.

풀이 4의 배수일 사건을 A, 5의 배수일 사건을 B라 하면 4의 배수의 개수는 25, 5의 배수의 개수는 20, 20의 배수의 개수는 5이므로 —— $A = \{4, 8, 12, \cdots, 100\}$, $B = \{5, 10, 15, \cdots, 100\}$, $A \cap B = \{20, 40, 60, 80, 100\}$

$\mathrm{P}(A) = \dfrac{25}{100}$, $\mathrm{P}(B) = \dfrac{20}{100}$, $\mathrm{P}(A \cap B) = \dfrac{5}{100}$

확률의 덧셈정리에 의하여 구하는 확률은

$$\mathrm{P}(A \cup B) = \mathrm{P}(A) + \mathrm{P}(B) - \mathrm{P}(A \cap B)$$
$$= \frac{25}{100} + \frac{20}{100} - \frac{5}{100}$$
$$= \frac{40}{100} = \frac{2}{5}$$

답 $\dfrac{2}{5}$

유제

◎ 8857-0055

9 두 사건 A, B에 대하여

$$\mathrm{P}(A) = 3\mathrm{P}(B) = \frac{2}{5}, \quad \mathrm{P}(A \cup B) = 5\mathrm{P}(A \cap B)$$

일 때, $\mathrm{P}(A \cup B)$의 값은?

① $\dfrac{5}{18}$ ② $\dfrac{1}{3}$ ③ $\dfrac{7}{18}$ ④ $\dfrac{4}{9}$ ⑤ $\dfrac{1}{2}$

◎ 8857-0056

10 1부터 12까지의 자연수가 하나씩 적혀 있는 공 12개가 들어 있는 주머니에서 임의로 2개의 공을 꺼낼 때, 꺼낸 두 공에 적힌 수의 합이 7의 배수이거나 두 공에 적힌 수의 곱이 12일 확률을 구하시오.

❻ 확률의 덧셈정리(2)

표본공간 S의 부분집합인 두 사건 A, B에 대하여 두 사건 A, B가 서로 배반사건이면

$$P(A \cup B) = P(A) + P(B)$$

Plus

❶ 두 사건 A, B가 서로 배반사건이면 $A \cap B = \varnothing$이므로 $P(A \cap B) = 0$이다.

 예제 6

주머니 속에 흰 공 3개, 검은 공 4개가 들어 있다. 이 주머니에서 임의로 2개의 공을 동시에 꺼낼 때, 2개의 공이 모두 같은 색일 확률을 구하시오.

풀이 7개의 공 중에서 2개의 공을 꺼내는 경우의 수는

$$_7C_2 = \frac{7 \times 6}{2 \times 1} = 21$$

2개의 공을 꺼낼 때, 2개의 공이 모두 흰 공인 사건을 A, 2개의 공이 모두 검은 공인 사건을 B라 하면

$$P(A) = \frac{_3C_2}{_7C_2} = \frac{3}{21} = \frac{1}{7}, \ P(B) = \frac{_4C_2}{_7C_2} = \frac{6}{21} = \frac{2}{7}$$

두 사건 A, B는 서로 배반사건이므로 구하는 확률은 ┈┈┈ 두 사건 A, B는 서로 배반사건이므로 $A \cap B = \varnothing$이다.

$$P(A \cup B) = P(A) + P(B) = \frac{1}{7} + \frac{2}{7} = \frac{3}{7}$$

답 $\dfrac{3}{7}$

 유제

○ 8857-0057

11 두 사건 A, B는 서로 배반사건이고 $P(A) = 2P(B) = \dfrac{1}{4}$일 때, $P(A \cup B)$의 값을 구하시오.

○ 8857-0058

12 서로 다른 두 개의 주사위를 동시에 던질 때, 나온 두 눈의 수의 차가 1이거나 두 눈의 수의 곱이 완전제곱일 확률은?

① $\dfrac{3}{10}$　　② $\dfrac{2}{5}$　　③ $\dfrac{1}{2}$　　④ $\dfrac{3}{5}$　　⑤ $\dfrac{7}{10}$

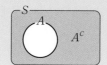

7 여사건의 확률

표본공간 S의 두 부분집합인 사건 A와 그 여사건 A^C는 서로 배반사건이므로 확률의 덧셈정리에 의하여

$$P(A \cup A^C) = P(A) + P(A^C)$$

또 $P(A \cup A^C) = P(S) = 1$이므로 $P(A) + P(A^C) = 1$

따라서 $P(A^C) = 1 - P(A)$

Plus

'적어도 ~인 사건', '~ 이상인 사건', '~ 이하인 사건' 등의 확률을 구할 때에는 여사건의 확률을 이용하면 편리한다.

예제 7 파란 공 4개와 빨간 공 5개가 들어 있는 주머니에서 임의로 3개의 공을 동시에 꺼낼 때, 파란 공이 1개 이상 나올 확률을 구하시오.

풀이 꺼낸 3개의 공 중에서 파란 공이 1개 이상 나오는 사건을 A라 하면 이 사건의 여사건은 3개 모두 빨간 공이 나오는 사건이므로 ── '~ 이상인 사건'의 확률을 구할 때에는 여사건의 확률을 이용하는 것이 편리하다.

$$P(A^C) = \frac{{}_5C_3}{{}_9C_3} = \frac{\dfrac{5 \times 4 \times 3}{3 \times 2 \times 1}}{\dfrac{9 \times 8 \times 7}{3 \times 2 \times 1}} = \frac{5}{42}$$

따라서 구하는 확률은

$$P(A) = 1 - P(A^C) = 1 - \frac{5}{42} = \frac{37}{42}$$

답 $\dfrac{37}{42}$

○ 8857-0059

13 두 사건 A, B에 대하여 $P(A \cap B^C) = \dfrac{2}{3}$, $P(A \cup B) = \dfrac{8}{9}$일 때, $P(B^C)$의 값은?

(단, B^C는 사건 B의 여사건이다.)

① $\dfrac{5}{9}$　　② $\dfrac{11}{18}$　　③ $\dfrac{2}{3}$　　④ $\dfrac{13}{18}$　　⑤ $\dfrac{7}{9}$

○ 8857-0060

14 5개의 숫자 0, 1, 2, 3, 4 중에서 중복을 허용하여 만든 네 자리 자연수 중에서 임의로 한 개를 택할 때, 이 수가 2000 이상일 확률을 구하시오.

| 수학적 확률 |

◐ 8857-0061

1 A, B, C, D, E의 5명이 일렬로 설 때, A가 B보다 앞에 서게 될 확률은?

① $\dfrac{2}{5}$　　　　② $\dfrac{1}{2}$　　　　③ $\dfrac{3}{5}$　　　　④ $\dfrac{7}{10}$　　　　⑤ $\dfrac{4}{5}$

| 수학적 확률 |

◐ 8857-0062

2 A, B, C, D, E, F의 6명이 원형의 탁자에 일정한 간격으로 둘러앉을 때, A와 B, C와 D가 이웃하여 앉을 확률은? (단, 회전하여 일치하는 것은 같은 것으로 본다.)

① $\dfrac{1}{5}$　　　　② $\dfrac{3}{10}$　　　　③ $\dfrac{2}{5}$　　　　④ $\dfrac{1}{2}$　　　　⑤ $\dfrac{3}{5}$

| 확률의 덧셈정리 |

◐ 8857-0063

3 어느 학급 학생 40명을 대상으로 방과 후 수업 희망 과목을 조사하였다. 국어 과목을 신청한 학생이 18명, 수학 과목을 신청한 학생이 15명, 국어 과목과 수학 과목 모두 신청한 학생이 7명이었다. 이 학급 학생 40명 중에서 임의로 한 학생을 선택하였을 때, 이 학생이 국어 과목 또는 수학 과목을 신청한 학생일 확률은?

① $\dfrac{13}{20}$　　　　② $\dfrac{7}{10}$　　　　③ $\dfrac{3}{4}$　　　　④ $\dfrac{4}{5}$　　　　⑤ $\dfrac{17}{20}$

| 여사건의 확률 |

◐ 8857-0064

4 7개의 문자 a, a, a, b, b, b, b를 일렬로 배열할 때, 적어도 한쪽 끝에 a가 있을 확률은 $\dfrac{q}{p}$이다. $p+q$의 값을 구하시오. (단, p와 q는 서로소인 자연수이다.)

2.02 조건부확률

❶ 조건부확률

(1) 두 사건 A, B에 대하여 사건 A가 일어났을 때, 사건 B가 일어날 확률을 사건 A가 일어났을 때의 사건 B의 조건부확률이라 하고, 기호로 $\mathrm{P}(B|A)$와 같이 나타낸다.

(2) 사건 A가 일어났을 때의 사건 B의 조건부확률은

$$\mathrm{P}(B|A)=\frac{\mathrm{P}(A\cap B)}{\mathrm{P}(A)}\ (단,\ \mathrm{P}(A)>0)$$

Plus

❶ $\mathrm{P}(A\cap B)$은 표본공간 S에서 사건 $A\cap B$가 일어날 확률이고, $\mathrm{P}(B|A)$는 A를 표본공간으로 보고 A에서 사건 $A\cap B$가 일어날 확률이다.

예제 1 오른쪽 표는 어느 학교 학생 500명을 대상으로 지하철 또는 버스로 통학하는 학생 수를 조사한 것이다. 이 학교 학생 중에서 임의로 1명을 뽑았더니 남학생일 때, 그 학생이 지하철로 통학하는 학생일 확률을 구하시오.

	지하철	버스	합계
남학생	120	140	260
여학생	110	130	240
합계	230	270	500

풀이 임의로 뽑은 1명의 학생이 남학생일 사건을 A, 임의로 뽑은 1명의 학생이 지하철로 등교하는 사건을 B라 하면

$$\mathrm{P}(A)=\frac{260}{500}=\frac{13}{25},\ \mathrm{P}(A\cap B)=\frac{120}{500}=\frac{6}{25}$$

따라서 구하는 확률은

$$\mathrm{P}(B|A)=\frac{\mathrm{P}(A\cap B)}{\mathrm{P}(A)}=\frac{\dfrac{6}{25}}{\dfrac{13}{25}}=\frac{6}{13}$$

$\quad\quad \mathrm{P}(B|A)=\dfrac{n(A\cap B)}{n(A)}=\dfrac{120}{260}=\dfrac{6}{13}$ 으로 계산할 수도 있다.

답 $\dfrac{6}{13}$

유제

○ 8857-0065

1 두 사건 A, B에 대하여 $\mathrm{P}(A)=\dfrac{3}{4}$, $\mathrm{P}(A\cap B^c)=\dfrac{1}{3}$일 때, $\mathrm{P}(B|A)$의 값은?

① $\dfrac{4}{9}$　　　② $\dfrac{1}{2}$　　　③ $\dfrac{5}{9}$　　　④ $\dfrac{11}{18}$　　　⑤ $\dfrac{2}{3}$

○ 8857-0066

2 4개의 숫자 1, 2, 3, 4를 일렬로 배열하여 네 자리 자연수를 만들었다. 이 중에서 임의로 뽑은 한 개의 수가 짝수였을 때, 그 수가 2000 이하일 확률을 구하시오. (단, 숫자는 한 번씩만 사용한다.)

❷ 확률의 곱셈정리

두 사건 A, B에 대하여 두 사건 A, B가 동시에 일어날 확률은

$$\mathrm{P}(A \cap B) = \mathrm{P}(A)\mathrm{P}(B|A) \ (단, \ \mathrm{P}(A) > 0)$$
$$\qquad\qquad = \mathrm{P}(B)\mathrm{P}(A|B) \ (단, \ \mathrm{P}(B) > 0)$$

Plus

❶ 조건부확률에서
$$\mathrm{P}(B|A)$$
$$= \frac{\mathrm{P}(A \cap B)}{\mathrm{P}(A)}$$
이므로
$$\mathrm{P}(A \cap B)$$
$$= \mathrm{P}(A)\mathrm{P}(B|A)$$

 2

당첨 제비 4개를 포함하여 20개의 제비가 들어 있는 상자에서 서연이와 해인이가 순서대로 각각 1개씩 제비를 임의로 뽑을 때, 다음을 구하시오. (단, 꺼낸 제비는 다시 넣지 않는다.)

(1) 서연이와 해인이가 모두 당첨 제비를 뽑을 확률

(2) 해인이가 당첨 제비를 뽑을 확률
  └── 서연가 당첨 제비를 뽑는 경우와 뽑지 않는 경우로 나누어서 생각한다.

풀이 서연이가 당첨 제비를 뽑는 사건을 A, 해인이가 당첨 제비를 뽑는 사건을 B라 하면

(1) 서연이가 당첨 제비를 뽑고 해인이도 당첨제비를 뽑을 확률은

$$\mathrm{P}(A \cap B) = \mathrm{P}(A)\mathrm{P}(B|A) = \frac{4}{20} \times \frac{3}{19} = \frac{3}{95}$$ ── 서연이가 먼저 1개의 제비를 뽑았으므로 남은 제비의 개수는 19개가 된다.

(2) (i) 서연이가 당첨 제비를 뽑고 해인이도 당첨 제비를 뽑을 확률은

$$\mathrm{P}(A \cap B) = \frac{3}{95}$$

(ii) 서연이는 당첨 제비를 뽑지 않고 해인이만 당첨 제비를 뽑을 확률은

$$\mathrm{P}(A^c \cap B) = \mathrm{P}(A^c)\mathrm{P}(B|A^c) = \frac{16}{20} \times \frac{4}{19} = \frac{16}{95}$$

(i), (ii)에서 구하는 확률은

$$\mathrm{P}(B) = \mathrm{P}(A \cap B) + \mathrm{P}(A^c \cap B) = \frac{3}{95} + \frac{16}{95} = \frac{19}{95} = \frac{1}{5}$$

📖 (1) $\dfrac{3}{95}$ (2) $\dfrac{1}{5}$

 유제

🔵 8857-0067

3 흰 공 3개, 검은 공 5개가 들어 있는 주머니에서 임의로 공을 1개씩 두 번 꺼낼 때, 2개의 공 모두 흰 공이 나올 확률을 구하시오. (단, 꺼낸 공은 다시 넣지 않는다.)

🔵 8857-0068

4 상자 안에 3개의 당첨 제비를 포함하여 n개의 제비가 들어 있다. 이 상자에서 임의로 한 개씩 제비를 두 번 뽑을 때, 두 제비가 모두 당첨 제비일 확률이 $\dfrac{1}{12}$이다. 상수 n의 값을 구하시오.

(단, $n \geq 3$이고 꺼낸 제비는 다시 넣지 않는다.)

02 조건부확률

❸ 확률의 곱셈정리와 조건부확률

사건 A가 일어났을 때의 사건 B의 조건부확률은 확률의 곱셈정리를 이용하여 다음
과 같이 구할 수 있다.

$$P(B|A)=\frac{P(A\cap B)}{P(A)}=\frac{P(A\cap B)}{\underbrace{P(A\cap B)+P(A\cap B^C)}_{\text{❶}}}$$

> **Plus**
> ❶ 확률의 곱셈정리에 의
> 하여
> · $P(A\cap B)$
> $=P(B)P(A|B)$
> · $P(A\cap B^C)$
> $=P(B^C)P(A|B^C)$

 3 어느 고등학교는 1학년 200명, 2학년 240명을 대상으로 저녁 급식 신청 여부를 조사하였다. 조사 결과 1학
년 학생 중에서 저녁 급식을 신청한 학생이 120명, 2학년 학생 중에서 저녁 급식을 신청한 학생이 180명이
었다. 이 고등학교 1학년과 2학년 학생 중에서 임의로 선택한 1명이 저녁 급식을 신청했을 때, 이 학생이
1학년 학생일 확률은?

① $\dfrac{4}{15}$ ② $\dfrac{1}{3}$ ③ $\dfrac{2}{5}$ ④ $\dfrac{7}{15}$ ⑤ $\dfrac{8}{15}$

풀이 선택한 1명의 학생이 1학년인 사건을 A, 2학년인 사건을 B, 급식을 신청한 학생인 사건을 E라 하면

$P(A)=\dfrac{200}{440}=\dfrac{5}{11}$, $P(B)=\dfrac{240}{440}=\dfrac{6}{11}$ — 1, 2학년 전체 학생 중에서 1학년 학생과 2학년 학생이 각각 선택될 확률

(i) $P(A\cap E)=P(A)P(E|A)=\dfrac{5}{11}\times\dfrac{120}{200}=\dfrac{3}{11}$

(ii) $P(B\cap E)=P(B)P(E|B)=\dfrac{6}{11}\times\dfrac{180}{240}=\dfrac{9}{22}$

두 사건 $A\cap E$와 $B\cap E$가 서로 배반사건이므로 (i), (ii)에서

$P(E)=P(A\cap E)+P(B\cap E)=\dfrac{3}{11}+\dfrac{9}{22}=\dfrac{15}{22}$

따라서 구하는 확률은

$P(A|E)=\dfrac{P(A\cap E)}{P(E)}=\dfrac{\frac{3}{11}}{\frac{15}{22}}=\dfrac{2}{5}$

답 ③

○ 8857-0069

5 A, B 두 공장에서 어떤 스마트폰의 60 %와 40 %가 생산되고 두 공장에서 생산되는 스마트폰의 불량률이
각각 3 %, 4 %라 한다. 이 두 공장에서 생산되는 스마트폰 중에서 임의로 선택한 한 개의 제품이 불량품이
었을 때, 이 스마트폰이 A 공장에서 생산된 스마트폰이었을 확률을 구하시오.

○ 8857-0070

6 1에서 20까지 자연수가 하나씩 적혀 있는 20장의 카드에서 A, B 두 사람이 순서대로 임의로 한 장씩 카드
를 뽑았다. B가 뽑은 카드에 적힌 수가 5의 배수일 때, A가 뽑은 카드에 적힌 수도 5의 배수일 확률은?

(단, 뽑은 카드는 다시 뽑지 않는다.)

① $\dfrac{3}{19}$ ② $\dfrac{4}{19}$ ③ $\dfrac{5}{19}$ ④ $\dfrac{6}{19}$ ⑤ $\dfrac{7}{19}$

❹ 사건의 독립과 종속

두 사건 A, B에 대하여 사건 A가 일어나거나 일어나지 않는 것이 사건 B가 일어날 확률에 영향을 주지 않을 때, 즉

$$P(B|A)=P(B|A^c)=P(B)$$

일 때, 두 사건 A와 B는 서로 독립이라고 한다. 또, 두 사건 A와 B가 서로 독립이 아닐 때, 두 사건 A와 B는 서로 종속이라고 한다.

> **Plus**
> ❶ 두 사건 A와 B가 서로 독립이면 A와 B^c, A^c와 B, A^c와 B^c도 서로 독립이다.

 4

주머니 속에 흰 공 3개와 검은 공 4개가 들어 있다. 이 주머니에서 임의로 공을 1개씩 두 번 꺼낼 때, 첫 번째 꺼낸 공이 흰 공인 사건을 A, 두 번째 꺼낸 공이 흰 공인 사건을 B라 하자. 다음 각 경우에 대하여 두 사건 A와 B가 독립인지 종속인지 판별하시오.

(1) 첫 번째 꺼낸 공을 다시 넣는 경우

(2) 첫 번째 꺼낸 공을 다시 넣지 않는 경우

풀이 (1) 두 번째 꺼낸 공이 흰 공일 확률은 첫 번째 꺼낸 공의 색깔에 관계없이

$$P(B|A)=P(B|A^c)=P(B)=\frac{3}{7}$$ 이므로 두 사건 A와 B는 서로 독립이다.

└─ 첫 번째 흰 공이 나왔을 때 두 번째 꺼낸 공이 흰 공일 확률

(2) $P(B|A)=\dfrac{2}{6}=\dfrac{1}{3}$, $P(B|A^c)=\dfrac{3}{6}=\dfrac{1}{2}$ ┌ 첫 번째 검은 공이 나왔을 때 두 번째 꺼낸 공이 흰 공일 확률

$P(B|A)\neq P(B|A^c)$ 이므로 두 사건 A와 B는 서로 종속이다.

> 처음 꺼낸 공을 다시 주머니에 넣기 때문에 주머니 속에는 흰 공 3개와 검은 공 4개가 들어 있다.

답 (1) 독립 (2) 종속

🔵 8857-0071

7 두 사건 A와 B가 서로 독립이고 $P(A)=\dfrac{2}{5}$, $P(B|A^c)=\dfrac{1}{4}$일 때, $P(A^c)+P(B)$의 값을 구하시오.

🔵 8857-0072

8 두 사건 A와 B가 서로 독립이고 $P(A|B^c)=\dfrac{1}{3}$, $P(B^c|A^c)=\dfrac{3}{5}$일 때, $P(A)+P(B)$의 값은?

① $\dfrac{7}{15}$
② $\dfrac{8}{15}$
③ $\dfrac{3}{5}$
④ $\dfrac{2}{3}$
⑤ $\dfrac{11}{15}$

02 조건부확률

5 독립인 사건의 곱셈정리

두 사건 A와 B가 서로 독립이기 위한 필요충분조건은

$$\mathrm{P}(A \cap B) = \mathrm{P}(A)\mathrm{P}(B) \ (단, \mathrm{P}(A) > 0, \mathrm{P}(B) > 0)$$

> **Plus**
> ❶ 두 사건 A와 B가 서로 독립일 때,
> $\mathrm{P}(B|A) = \mathrm{P}(B)$
> 이므로
> $\mathrm{P}(A \cap B)$
> $= \mathrm{P}(A)\mathrm{P}(B|A)$
> $= \mathrm{P}(A)\mathrm{P}(B)$

예제 5 표본공간 $S = \{x \,|\, x$는 10 이하의 자연수$\}$에 대하여 두 사건 A와 B가 서로 독립이고 $A = \{1, 2, 3, 4\}$, $B = \{4, 5, 6, 7, a\}$일 때, 가능한 모든 a의 값의 합을 구하시오.

풀이 $\mathrm{P}(A) = \dfrac{4}{10} = \dfrac{2}{5}$, $\mathrm{P}(B) = \dfrac{5}{10} = \dfrac{1}{2}$

두 사건 A와 B가 서로 독립이므로

$$\mathrm{P}(A \cap B) = \mathrm{P}(A)\mathrm{P}(B) = \dfrac{2}{5} \times \dfrac{1}{2} = \dfrac{1}{5}$$

즉, $n(A \cap B) = 2$이어야 하고 원소 4는 두 사건 A, B에 공통원소이므로 가능한 a의 값은 1 또는 2 또는 3이다. 따라서 가능한 모든 a의 값의 합은 $1 + 2 + 3 = 6$

$a = 1$일 때 $A \cap B = \{1, 4\}$,
$a = 2$일 때 $A \cap B = \{2, 4\}$,
$a = 3$일 때 $A \cap B = \{3, 4\}$ **답** 6

❍ 8857-0073

9 서로 다른 두 개의 주사위를 던질 때, 나온 두 눈의 수의 곱이 홀수일 확률을 구하시오.

❍ 8857-0074

10 A, B 두 사격 선수가 과녁을 조준하여 맞힐 때, 과녁에 명중할 확률이 각각 0.8, 0.7이다. 두 선수 중에서 한 선수만 과녁에 명중할 확률을 구하시오.

❻ 사건의 독립과 종속의 판단

(1) 두 사건 A와 B가 서로 독립일 때
$$\underline{\mathrm{P}(A \cap B) = \mathrm{P}(A)\mathrm{P}(B)} \ (\text{단, } \mathrm{P}(A) > 0, \ \mathrm{P}(B) > 0)$$

(2) 두 사건 A와 B가 서로 종속이면
$$\mathrm{P}(A \cap B) \neq \mathrm{P}(A)\mathrm{P}(B) \ (\text{단, } \mathrm{P}(A) > 0, \ \mathrm{P}(B) > 0)$$

> **Plus**
> ❶ 두 사건의 독립, 종속
> 이 명확하지 않을 때
> $\mathrm{P}(A \cap B)$
> $= \mathrm{P}(A)\mathrm{P}(B)$
> 의 여부에 따라 독립,
> 종속을 판단한다.

 6 한 개의 주사위를 던질 때, 홀수의 눈이 나오는 사건을 A, 5 이상의 눈이 나오는 사건을 B, 3 이하의 눈이 나오는 사건을 C라 하자. 다음 두 사건이 서로 독립인지 종속인지 판단하시오.

(1) A와 B

(2) A와 C

풀이 세 사건 A, B, C를 집합으로 나타내면 $A = \{1, 3, 5\}$, $B = \{5, 6\}$, $C = \{1, 2, 3\}$이다.

(1) $A \cap B = \{5\}$이므로 $\mathrm{P}(A \cap B) = \dfrac{1}{6}$

한편, $\mathrm{P}(A) = \dfrac{3}{6} = \dfrac{1}{2}$, $\mathrm{P}(B) = \dfrac{2}{6} = \dfrac{1}{3}$이므로

$$\mathrm{P}(A)\mathrm{P}(B) = \dfrac{1}{2} \times \dfrac{1}{3} = \dfrac{1}{6}$$
└── 두 사건 A와 B가 서로 독립이기 위한 조건이다.
따라서 $\mathrm{P}(A \cap B) = \mathrm{P}(A)\mathrm{P}(B)$가 성립하므로 두 사건 A와 B는 서로 독립이다.

(2) $A \cap C = \{1, 3\}$이므로 $\mathrm{P}(A \cap C) = \dfrac{2}{6} = \dfrac{1}{3}$

한편, $\mathrm{P}(A) = \dfrac{3}{6} = \dfrac{1}{2}$, $\mathrm{P}(C) = \dfrac{3}{6} = \dfrac{1}{2}$이므로

$$\mathrm{P}(A)\mathrm{P}(C) = \dfrac{1}{2} \times \dfrac{1}{2} = \dfrac{1}{4}$$

따라서 $\mathrm{P}(A \cap C) \neq \mathrm{P}(A)\mathrm{P}(C)$이므로 두 사건 A와 C는 서로 종속이다.
└── 두 사건 A와 C가 서로 종속이기 위한 조건이다.

달 (1) 독립 (2) 종속

○ 8857-0075

 11 주머니 안에 1부터 10까지의 자연수가 하나씩 적힌 10개의 구슬이 들어 있다. 한 개의 구슬을 임의로 꺼낼 때, 4의 배수가 적힌 구슬이 나오는 사건을 A, 소수가 적힌 구슬이 나오는 사건을 B, 6 이상의 숫자가 적힌 구슬이 나오는 사건을 C라 하자. 서로 독립인 두 사건을 구하시오.

7 독립시행의 확률

(1) 동일한 시행을 반복하는 경우 각 시행에서 일어나는 사건이 서로 독립일 때, 이러한 시행을 독립시행이라고 한다.

(2) **독립시행의 확률**

한 번의 시행에서 사건 A가 일어날 확률이 p일 때, 이 시행을 n회 반복하는 독립시행에서 사건 A가 r번 일어날 확률은

$${}_n C_r\, p^r q^{n-r} \ (\text{단},\ q=1-p,\ r=0,\ 1,\ 2,\ \cdots,\ n,\ p^0=q^0=1)$$

Plus

① 동전을 던질 때 앞면이 나올 확률은 매회 독립적으로 $\dfrac{1}{2}$이다. 이와 같이 독립시행의 예로는 동전이나 주사위 던지기 등이 있다.

 7 한 개의 주사위를 5번 던질 때, 3의 배수의 눈이 4번 이상 나올 확률은?

① $\dfrac{10}{243}$
② $\dfrac{11}{243}$
③ $\dfrac{4}{81}$
④ $\dfrac{13}{243}$
⑤ $\dfrac{14}{243}$

풀이 한 개의 주사위를 1번 던질 때 3의 배수의 눈이 나올 확률은 $\dfrac{1}{3}$이다.

(i) 한 개의 주사위를 5번 던질 때 3의 배수의 눈이 4번 나올 확률은

$${}_5 C_4 \left(\dfrac{1}{3}\right)^4 \left(\dfrac{2}{3}\right)^1 = \dfrac{10}{243}$$ ── 주사위를 던지는 시행은 독립시행이다.

(ii) 한 개의 주사위를 5번 던질 때 3의 배수의 눈이 5번 나올 확률은

$${}_5 C_5 \left(\dfrac{1}{3}\right)^5 = \dfrac{1}{243}$$

(i), (ii)에서 구하는 확률은

$$\dfrac{10}{243} + \dfrac{1}{243} = \dfrac{11}{243}$$

답 ②

 유제

○ 8857-0076

12 두 개의 동전을 동시에 던지는 시행을 4회 실시할 때, 두 개의 동전 모두 앞면이 나온 횟수가 3회일 확률을 구하시오.

○ 8857-0077

13 어느 야구 선수가 타석에서 안타를 칠 확률이 0.3이라고 한다. 이 선수가 4번 타석에 섰을 때, 안타를 2번 또는 3번 칠 확률을 구하시오.

기본 핵심 문제

| 조건부확률 | ◐ 8857-0078

1 두 사건 A, B에 대하여 $P(A \cup B) = \dfrac{4}{5}$, $P(A) = \dfrac{1}{3}$, $P(B) = \dfrac{3}{4}$일 때, $P(A|B^C)$의 값은?

① $\dfrac{1}{15}$ ② $\dfrac{2}{15}$ ③ $\dfrac{1}{5}$ ④ $\dfrac{4}{15}$ ⑤ $\dfrac{1}{3}$

| 조건부확률 | ◐ 8857-0079

2 주머니 A에는 파란 공 3개, 빨간 공 3개가 들어 있고, 주머니 B에는 파란 공 4개, 빨간 공 2개가 들어 있다. 두 주머니에서 임의로 한 개의 주머니를 택하여 임의로 2개의 공을 꺼내었더니 꺼낸 공이 모두 파란 공이었을 때, 이 공 2개가 주머니 A에서 나왔을 확률은?

① $\dfrac{2}{15}$ ② $\dfrac{1}{5}$ ③ $\dfrac{4}{15}$ ④ $\dfrac{1}{3}$ ⑤ $\dfrac{2}{5}$

| 확률의 곱셈정리 | ◐ 8857-0080

3 A 상자에는 흰 공 3개, 검은 공 4개가 들어 있고, B 상자에는 흰 공 4개, 검은 공 3개가 들어 있다. 첫 번째 학생이 A 상자에서 임의로 1개의 공을 꺼내어 공의 색을 확인한다. 꺼낸 공이 흰 색이면 두 번째 학생도 A 상자에서 임의로 1개의 공을 꺼내고, 꺼낸 공이 검은 색이면 B 상자에서 임의로 1개의 공을 꺼낸다. 꺼낸 공이 흰 공 1개, 검은 공 1개일 확률을 구하시오. (단, 꺼낸 공은 다시 넣지 않는다.)

| 독립인 사건의 곱셈정리 | ◐ 8857-0081

4 어떤 시험에서 갑, 을 두 사람이 합격할 확률이 각각 $\dfrac{3}{5}$, $\dfrac{3}{4}$일 때, 적어도 한 명이 합격할 확률은?

① $\dfrac{1}{2}$ ② $\dfrac{3}{5}$ ③ $\dfrac{7}{10}$ ④ $\dfrac{4}{5}$ ⑤ $\dfrac{9}{10}$

| 독립시행의 확률 | ◐ 8857-0082

5 한 개의 주사위를 던져서 4 이하의 눈이 나오면 동전을 3번 던지고, 5 이상의 눈이 나오면 동전을 2번 던질 때, 동전의 앞면이 1번 나올 확률을 구하시오.

1 A를 포함한 남학생 4명, B를 포함한 여학생 5명으로 구성된 어느 동아리에서 임의로 3명의 대표를 뽑을 때, A와 B 모두 대표로 뽑힐 확률은?

© 8857-0083

① $\dfrac{1}{14}$ ② $\dfrac{1}{12}$ ③ $\dfrac{2}{21}$

④ $\dfrac{3}{28}$ ⑤ $\dfrac{5}{42}$

3 한 개의 주사위를 두 번 던질 때 나오는 눈의 수를 차례로 a, b라 할 때, $i^{ab}=-1$이 될 확률은?

© 8857-0085

(단, $i=\sqrt{-1}$)

① $\dfrac{11}{36}$ ② $\dfrac{1}{3}$ ③ $\dfrac{13}{36}$

④ $\dfrac{7}{18}$ ⑤ $\dfrac{5}{12}$

2 빨간 공 3개, 노란 공 2개, 파란 공 1개를 일렬로 나열할 때, 빨간 공끼리는 이웃하지 않을 확률은?

© 8857-0084

① $\dfrac{2}{15}$ ② $\dfrac{1}{6}$ ③ $\dfrac{1}{5}$

④ $\dfrac{7}{30}$ ⑤ $\dfrac{4}{15}$

4 상자 안에 흰색 탁구공 4개와 노란색 탁구공 6개가 있다. 이 상자에서 임의로 2개의 탁구공을 동시에 꺼낼 때, 흰색 탁구공이 적어도 1개 포함될 확률은?

© 8857-0086

① $\dfrac{2}{5}$ ② $\dfrac{7}{15}$ ③ $\dfrac{8}{15}$

④ $\dfrac{3}{5}$ ⑤ $\dfrac{2}{3}$

5 상자 안에 1부터 5까지의 자연수가 하나씩 적혀 있는 5장의 카드가 있다. 상자에서 임의로 1장씩 3장의 카드를 꺼낼 때, 나오는 수를 순서대로 a, b, c라 하자. $(a-b)(b-c)=0$을 만족시킬 확률은? (단, 꺼낸 카드는 다시 상자 안에 넣는다.)

① $\dfrac{3}{25}$ ② $\dfrac{6}{25}$ ③ $\dfrac{9}{25}$

④ $\dfrac{12}{25}$ ⑤ $\dfrac{3}{5}$

6 그림과 같이 숫자 1이 적혀 있는 카드 2장, 숫자 2가 적혀 있는 카드 3장, 숫자 3이 적혀 있는 카드 2장이 있다. 이 7장의 카드 중 임의로 2장의 카드를 선택하고 카드에 적혀 있는 수를 확인한다. 2장의 카드에 적혀 있는 수의 곱이 3의 배수일 때, 이 두 수의 합이 홀수일 확률은?

① $\dfrac{3}{11}$ ② $\dfrac{4}{11}$ ③ $\dfrac{5}{11}$

④ $\dfrac{6}{11}$ ⑤ $\dfrac{7}{11}$

7 다음은 어느 고등학교 수학 탐구 동아리 회원의 구성을 나타낸 표의 일부이다. 이 회원 중에서 임의로 선택한 1명의 학생이 여학생이었을 때, 이 학생이 1학년일 확률이 $\dfrac{2}{5}$이다. 이 회원 중에서 임의로 선택한 1명의 학생이 2학년이었을 때, 이 학생이 남학생일 확률은?

구분	남학생	여학생	합계
1학년			30
2학년			
합계		20	60

① $\dfrac{8}{15}$ ② $\dfrac{17}{30}$ ③ $\dfrac{3}{5}$

④ $\dfrac{19}{30}$ ⑤ $\dfrac{2}{3}$

8 두 사건 A와 B는 서로 독립이고
$$\mathrm{P}(A\cup B)=\frac{3}{4},\ \mathrm{P}(A)=\frac{1}{3}$$
일 때, $\mathrm{P}(A\cap B)$의 값은?

① $\dfrac{5}{24}$ ② $\dfrac{1}{4}$ ③ $\dfrac{7}{24}$

④ $\dfrac{1}{3}$ ⑤ $\dfrac{3}{8}$

9 A, B 두 사람이 탁구 게임을 하는데 총 5세트 중 3세트를 먼저 이기는 사람이 우승자로 선정된다. 각 세트에서 A가 B를 이길 확률은 $\frac{1}{3}$이고, 2세트 경기가 끝난 결과 A, B가 각각 1승 1패를 기록 중이다. 이 탁구 게임에서 A가 우승할 확률은?

(단, 비기는 경우는 없다.)

① $\frac{5}{27}$ 　② $\frac{2}{9}$ 　③ $\frac{7}{27}$

④ $\frac{8}{27}$ 　⑤ $\frac{1}{3}$

● 8857-0092

10 한 개의 주사위를 다섯 번 던져 [그림 1]과 같이 다섯 개의 빈칸을 다음과 같은 규칙으로 왼쪽부터 하나씩 채우고 이를 하나의 수로 생각하자.

> (가) 주사위의 눈의 수가 3의 배수이면 빈칸에 1을 적는다.
> (나) 주사위의 눈의 수가 3의 배수가 아니면 빈칸에 0을 적는다.

예를 들어, 한 개의 주사위를 다섯 번 던져 나온 눈의 수가 차례로 3, 1, 6, 4, 3일 때, 빈칸은 [그림 2]와 같이 채워지고, 이는 10101을 나타낸다. 또, 한 개의 주사위를 다섯 번 던져 나온 눈의 수가 차례로 2, 3, 5, 3, 6일 때, 빈칸은 [그림 3]과 같이 채워지고, 이는 01011, 즉 1011을 나타낸다. 한 개의 주사위를 다섯 번 던져 위와 같은 규칙으로 빈칸을 채워 수를 만들 때, 이 수가 3의 배수인 다섯 자리 자연수일 확률은 $\frac{q}{p}$이다. $p+q$의 값을 구하시오. (단, p와 q는 서로소인 자연수이다.)

[그림 1]　　　[그림 2]　　　[그림 3]

● 8857-0093

11 그림과 같이 주머니 속에 1부터 5까지의 자연수가 각각 하나씩 적힌 구슬이 2개씩 모두 10개가 들어 있다. 이 중 임의로 3개의 구슬을 동시에 꺼낼 때, 구슬에 적힌 수 중 가장 큰 수가 4일 확률을 구하시오.

● 8857-0094

12 흰 공 2개와 검은 공 3개가 들어 있는 주머니가 있다. 이 주머니에서 임의로 1개의 공을 꺼내어 꺼낸 공이 흰 공이면 꺼낸 공과 흰 공 2개를 추가하여 주머니에 넣고, 꺼낸 공이 검은 공이면 꺼낸 공과 검은 공 2개를 추가하여 주머니에 넣는다. 다시 이 주머니에서 임의로 2개의 공을 동시에 꺼낼 때, 꺼낸 2개의 공이 모두 검은 공일 확률을 구하시오.

기출문항 변형

어느 학교의 전체 학생은 400명이고, 각 학생은 진로체험 프로그램 A, B 중 하나를 선택하였다. 이 학교의 학생 중 진로체험 프로그램 A를 선택한 학생은 남학생 150명과 여학생 90명이다. 이 학교의 학생 중 임의로 뽑은 1명의 학생이 진로체험 프로그램 B를 선택한 학생일 때, 이 학생이 여학생일 확률은 $\frac{5}{8}$이다. 이 학교의 남학생의 수는?

① 200   ② 205   ③ 210

④ 215   ⑤ 220

풀이

진로체험 프로그램 B를 선택한 남학생과 여학생의 수를 각각 a, b라 하고, 진로체험 프로그램 A 또는 B를 선택한 남학생과 여학생 수를 표로 나타내면 다음과 같다.

구분	남학생	여학생	합계
프로그램 A	150	90	240
프로그램 B	a	b	$a+b$
합계	$150+a$	$90+b$	400

이때 $a+b=400-240=160$ ······ ㉠

이 학교의 학생 중 임의로 뽑은 1명의 학생이 여학생인 사건을 A, 진로체험 프로그램 B를 선택한 사건을 B라 하면

$$P(A|B)=\frac{P(A\cap B)}{P(B)}=\frac{\frac{b}{400}}{\frac{a+b}{400}}=\frac{b}{a+b}=\frac{5}{8}$$

이므로 $5a+5b=8b$에서 $b=\frac{5}{3}a$ $\begin{array}{l} P(B|A)=\dfrac{n(A\cap B)}{n(A)} \\[4pt] \quad\quad\quad =\dfrac{b}{a+b} \end{array}$

이 식을 ㉠에 대입하면

$a+\frac{5}{3}a=160$, $\frac{8}{3}a=160$, $a=60$ 를 이용하여 구할 수도 있다.

따라서 이 학교의 남학생의 수는

$150+a=150+60=210$

답 ③

● 8857-0095

1 20개의 공에 각각 빨간색과 흰색 중 한 가지 색이 칠해져 있고, 자연수가 하나씩 적혀 있다. 각각의 공에 칠해져 있는 색과 적혀 있는 수에 따라 분류한 공의 개수는 다음과 같다.

(단위: 개)

구분	빨간색	흰색	합계
홀수	6	6	12
짝수	5	3	8
합계	11	9	20

20개의 공 중에서 임의로 선택한 1개의 공이 흰색일 때, 이 공에 적혀 있는 수가 짝수일 확률은?

① $\frac{2}{9}$ ② $\frac{5}{18}$ ③ $\frac{1}{3}$

④ $\frac{7}{18}$ ⑤ $\frac{4}{9}$

● 8857-0096

2 어느 고등학교 3학년 학생 300명을 대상으로 문화체험의 날에 관람하고 싶은 공연 장르를 조사하였다. 이 고등학교 3학년 학생들의 남학생과 여학생 수의 비는 2 : 3이고, 모든 학생은 연극과 뮤지컬 중 하나만 선택할 수 있다. 조사 결과, 연극을 선택한 학생 수는 뮤지컬을 선택한 학생 수의 2배였고, 이 고등학교의 3학년 학생 중 임의로 선택한 1명이 남학생일 때, 이 학생이 연극을 선택한 학생이었을 확률은 $\frac{3}{5}$이었다. 이 고등학교 3학년 학생 중에서 임의로 선택한 1명이 뮤지컬을 선택한 학생이었을 때, 이 학생이 여학생일 확률은?

① $\frac{23}{50}$ ② $\frac{12}{25}$ ③ $\frac{1}{4}$

④ $\frac{13}{25}$ ⑤ $\frac{27}{50}$

1 이산확률변수

(1) 확률변수

어떤 시행에서 일어날 수 있는 모든 경우의 집합 S의 각 원소를 실수 전체의 집합 R의 한 원소에 대응시키는 변수 X를 확률변수라고 한다.❶❷

(2) 이산확률변수

확률변수 X가 가질 수 있는 값이 유한개이거나 자연수와 같이 셀 수 있을 때, X를 이산확률변수라고 한다.

Plus

❶ 확률변수는 일어날 수 있는 모든 경우의 집합을 정의역으로 하고 실수 전체의 집합을 공역으로 하는 함수이다.

❷ 확률변수는 보통 알파벳 대문자 X, Y, Z, $\cdots$와 같이 나타내고 확률변수가 가지는 값은 소문자 x, y, z, $\cdots$로 나타낸다.

예제 1 한 개의 동전을 두 번 던지는 시행에서 앞면이 나오는 횟수를 확률변수 X라 할 때, X가 가질 수 있는 값을 구하시오.

풀이 동전의 앞면을 H, 뒷면을 T라 하면 한 개의 동전을 두 번 던졌을 때 일어날 수 있는 모든 경우의 집합 S의 각 원소는 다음과 같다.

(H, H), (H, T), (T, H), (T, T)

따라서 집합 S의 각각의 원소에 대응하는 X의 값은 각각

2, 1, 1, 0

이므로 확률변수 X가 가질 수 있는 값은 0, 1, 2이다.

답 0, 1, 2

○ 8857-0097

유제

1 빨간 구슬 2개, 파란 구슬 3개가 들어 있는 주머니에서 임의로 3개의 구슬을 동시에 꺼낼 때 나오는 빨간 구슬의 개수를 확률변수 X라 하자. X가 가질 수 있는 값을 구하시오.

○ 8857-0098

2 1부터 5까지의 자연수가 각각 하나씩 적혀 있는 5장의 카드 중에서 임의로 3장의 카드를 동시에 뽑을 때, 카드에 적힌 수의 최솟값을 확률변수 X라 하자. X가 가질 수 있는 값을 구하시오.

2 이산확률변수의 확률분포와 확률질량함수

(1) 이산확률변수의 확률분포

이산확률변수 X가 가지는 값이 x_1, x_2, x_3, $\cdots$, x_n이고 X가 이들 값을 가질 확률이 각각 p_1, p_2, p_3, $\cdots$, p_n일 때, x_1, x_2, x_3, $\cdots$, x_n과 p_1, p_2, p_3, $\cdots$, p_n의 대응 관계를 이산확률변수 X의 확률분포라고 한다.

(2) 확률질량함수

이산확률변수 X의 확률분포를 나타내는 함수

$$\mathrm{P}(X=x_i)=p_i \ (i=1, 2, 3, \cdots, n)$$

을 X의 확률질량함수라고 한다. 이때 다음이 성립한다.

① $0 \leq p_i \leq 1$ ② $p_1+p_2+\cdots+p_n=1$

③ $\mathrm{P}(x_i \leq X \leq x_j)=p_i+p_{i+1}+p_{i+2}+\cdots+p_j$ (단, $j=1, 2, 3, \cdots, n, i \leq j$)

Plus

이산확률변수 X의 확률분포를 표와 그래프로 나타내면 다음과 같다.

• 표

X	x_1	x_2	$\cdots$	x_n	합계
$\mathrm{P}(X=x)$	p_1	p_2	$\cdots$	p_n	1

• 그래프

예제 2

한 개의 동전을 두 번 던지는 시행에서 앞면이 나오는 횟수를 확률변수 X라 할 때, 다음 물음에 답하시오.

(1) 확률변수 X의 확률질량함수를 구하시오.

(2) 확률변수 X의 확률분포를 표로 나타내시오.

(3) $\mathrm{P}(X \geq 1)$의 값을 구하시오.

풀이 (1) X가 가질 수 있는 값은 0, 1, 2이고, 이때 X가 각각의 값을 가질 확률은

$$\mathrm{P}(X=0)={}_2\mathrm{C}_0\left(\frac{1}{2}\right)^0\left(\frac{1}{2}\right)^2=\frac{1}{4}, \ \mathrm{P}(X=1)={}_2\mathrm{C}_1\left(\frac{1}{2}\right)^1\left(\frac{1}{2}\right)^1=\frac{1}{2}, \ \mathrm{P}(X=2)={}_2\mathrm{C}_2\left(\frac{1}{2}\right)^2\left(\frac{1}{2}\right)^0=\frac{1}{4}$$

따라서 확률변수 X의 확률질량함수는

$$\mathrm{P}(X=x)={}_2\mathrm{C}_x\left(\frac{1}{2}\right)^x\left(\frac{1}{2}\right)^{2-x}\left(x=0, 1, 2, \left(\frac{1}{2}\right)^0=1\right)$$

(2) 확률변수 X의 확률분포를 표로 나타내면 다음과 같다.

X	0	1	2	합계
$\mathrm{P}(X=x)$	$\dfrac{1}{4}$	$\dfrac{1}{2}$	$\dfrac{1}{4}$	1

(3) 위의 표에서 $\mathrm{P}(X \geq 1)=\mathrm{P}(X=1)+\mathrm{P}(X=2)=\dfrac{1}{2}+\dfrac{1}{4}=\dfrac{3}{4}$

답 (1) $\mathrm{P}(X=x)={}_2\mathrm{C}_x\left(\frac{1}{2}\right)^x\left(\frac{1}{2}\right)^{2-x}\left(x=0, 1, 2, \left(\frac{1}{2}\right)^0=1\right)$ (2) 풀이 참조 (3) $\dfrac{3}{4}$

● 8857-0099

유제

3 2개의 당첨 제비를 포함한 5개의 제비 중에서 임의로 3개의 제비를 동시에 뽑아 나오는 당첨 제비의 개수를 확률변수 X라 할 때, 다음 물음에 답하시오.

(1) 확률변수 X의 확률질량함수를 구하고, X의 확률분포를 표로 나타내시오.

(2) 당첨 제비가 1개 이하로 나올 확률을 구하시오.

01 이산확률분포

3 이산확률변수의 기댓값

이산확률변수 X의 확률분포가 다음 표와 같을 때,

X	x_1	x_2	x_3	$\cdots$	x_n	합계
$P(X=x)$	p_1	p_2	p_3	$\cdots$	p_n	1

확률변수 X의 기댓값 또는 평균을 기호로 $\mathrm{E}(X)$ 또는 m으로 나타내고 다음과 같이 정의한다.

$$m=\mathrm{E}(X)=x_1p_1+x_2p_2+x_3p_3+\cdots+x_np_n$$

Plus

❶ $\mathrm{E}(X)$의 E는 Expectation(기댓값)의 첫 글자이다.

❷ m은 mean(평균)의 첫 글자이다.

예제 3

상자 안에 숫자 1이 적힌 카드가 1장, 숫자 2가 적힌 카드가 2장, 숫자 3이 적힌 카드가 3장 들어 있다. 이 상자에서 임의로 한 장의 카드를 꺼낼 때, 꺼낸 카드에 적힌 수를 확률변수 X라 하자. $\mathrm{E}(X)$의 값을 구하시오.

풀이 6장의 카드가 들어 있는 주머니에서 한 장의 카드를 꺼낼 때, 꺼낸 카드에 적힌 수가 확률변수 X이므로 확률변수 X가 가질 수 있는 값은 1, 2, 3이다. 이때

$$P(X=1)=\frac{1}{6}, \ P(X=2)=\frac{2}{6}=\frac{1}{3}, \ P(X=3)=\frac{3}{6}=\frac{1}{2}$$

이므로 확률변수 X의 확률분포를 표로 나타내면 다음과 같다.

X	1	2	3	합계
$P(X=x)$	$\frac{1}{6}$	$\frac{1}{3}$	$\frac{1}{2}$	1

따라서 확률변수 X의 평균은

$$\mathrm{E}(X)=1\times\frac{1}{6}+2\times\frac{1}{3}+3\times\frac{1}{2}=\frac{14}{6}=\frac{7}{3}$$

$\underbrace{}$ $\mathrm{E}(X)=x_1p_1+x_2p_2+\cdots+x_np_n$

답 $\frac{7}{3}$

 유제

◑ 8857-0100

4 한 개의 주사위를 던져서 나오는 눈의 수의 양의 약수의 개수를 확률변수 X라 할 때, $\mathrm{E}(X)$의 값을 구하시오.

◑ 8857-0101

5 어느 지역 단체에서 주최한 체육 대회에 참가한 100명의 지역 주민들을 대상으로 상금이 10만 원, 5만 원, 1만 원인 행운권을 오른쪽 표와 같이 준비하였다. 참가한 100명의 주민들이 임의로 한 장씩 행운권을 뽑았을 때, 상금의 기댓값을 구하시오.

상금(원)	행운권 수(장)
100,000	1
50,000	4
10,000	15
0	80

❹ 이산확률변수의 분산, 표준편차

이산확률변수 X의 확률분포가 다음 표와 같고, X의 기댓값(평균)을 m이라 할 때, 확률변수 X의 분산, 표준편차를 각각 $V(X)$, $\sigma(X)$라 하고 다음과 같이 정의한다.

X	x_1	x_2	x_3	$\cdots$	x_n	합계
$P(X=x)$	p_1	p_2	p_3	$\cdots$	p_n	1

(1) **분산**: $V(X)=E((X-m)^2)=(x_1-m)^2p_1+(x_2-m)^2p_2+\cdots+(x_n-m)^2p_n$
또는
$$V(X)=E(X^2)-\{E(X)\}^2=(x_1^2p_1+x_2^2p_2+\cdots+x_n^2p_n)-m^2$$

(2) **표준편차**: $\sigma(X)=\sqrt{V(X)}$

Plus
❶ $V(X)$의 V는 Variance(분산)의 첫 글자이다.
❷ $\sigma(X)$의 σ는 Standard deviation (표준편차)의 첫 글자 S에 해당하는 그리스 문자이고, 시그마 (Sigma)라고 읽는다.
❸ $E((X-m)^2)$은 분산의 의미를 파악할 때 편리하고, $E(X^2)-\{E(X)\}^2$ 은 분산을 계산할 때 편리하다.

예제 4 상자 안에 숫자 1이 적힌 카드가 1장, 숫자 2가 적힌 카드가 2장, 숫자 3이 적힌 카드가 1장 들어 있다. 이 상자에서 임의로 2장의 카드를 동시에 꺼낼 때, 꺼낸 카드에 적힌 수의 합을 확률변수 X라 하자. 다음 물음에 답하시오.

(1) X의 평균 $E(X)$의 값을 구하시오.　　　(2) X의 분산 $V(X)$의 값을 구하시오.

풀이 4장의 카드 중 임의로 2장의 카드를 동시에 꺼내는 경우의 수는 $_4C_2=6$이고, 확률변수 X가 가질 수 있는 값은 3, 4, 5이다. 이때

$3=1+2$에서 $P(X=3)=\dfrac{_1C_1\times_2C_1}{_4C_2}=\dfrac{2}{6}=\dfrac{1}{3}$
　　　　└ 1이 적힌 카드 1장과 3이 적힌 카드 1장을 꺼낼 확률

$4=1+3$ 또는 $4=2+2$에서 $P(X=4)=\dfrac{_1C_1\times_1C_1}{_4C_2}+\dfrac{_2C_2}{_4C_2}=\dfrac{1}{6}+\dfrac{1}{6}=\dfrac{1}{3}$
　　　　└ 2가 적힌 카드 2장을 꺼낼 확률

$5=2+3$에서 $P(X=5)=\dfrac{_2C_1\times_1C_1}{_4C_2}=\dfrac{2}{6}=\dfrac{1}{3}$

이므로 확률변수 X의 확률분포를 표로 나타내면 오른쪽과 같다.

X	3	4	5	합계
$P(X=x)$	$\dfrac{1}{3}$	$\dfrac{1}{3}$	$\dfrac{1}{3}$	1

(1) 확률변수 X의 평균은 $E(X)=3\times\dfrac{1}{3}+4\times\dfrac{1}{3}+5\times\dfrac{1}{3}=4$

(2) 확률변수 X의 분산은 $V(X)=\left(3^2\times\dfrac{1}{3}+4^2\times\dfrac{1}{3}+5^2\times\dfrac{1}{3}\right)-4^2=\dfrac{2}{3}$
　　└ $V(X)=E(X^2)-\{E(X)\}^2$

답 (1) 4　(2) $\dfrac{2}{3}$

유제

6 평균이 6인 이산확률변수 X에 대하여 $E((X-6)^2)=50$일 때, $E(X^2)$의 값을 구하시오.

8857-0103

7 1, 2, 3, 4, 5가 각각 하나씩 적혀 있는 5장의 카드 중에서 임의로 2장의 카드를 동시에 뽑을 때, 홀수가 적혀 있는 카드의 개수를 확률변수 X라 하자. $V(X)$의 값을 구하시오.

01 이산확률분포

5 확률변수 $aX+b$의 평균, 분산, 표준편차

확률변수 X와 두 상수 a, $b(a\neq0)$에 대하여 확률변수 $aX+b$의 평균, 분산, 표준편차는 다음과 같다.

(1) **평균**: $\mathrm{E}(aX+b)=a\mathrm{E}(X)+b$

(2) **분산**: $\mathrm{V}(aX+b)=a^2\mathrm{V}(X)$

(3) **표준편차**: $\sigma(aX+b)=|a|\sigma(X)$

Plus

❶ $\mathrm{P}(X=x_i)=p_i$일 때, 확률변수 $aX+b$ (a, b는 상수)는 ax_i+b의 값을 가질 확률이 p_i인 확률변수이다.

예제 5 확률변수 X의 분포가 오른쪽 표와 같을 때, 다음을 구하시오.

(1) $\mathrm{E}(2X+1)$

(2) $\mathrm{V}(2X+1)$

(3) $\sigma(2X+1)$

X	1	2	3	4	합계
$\mathrm{P}(X=x)$	$\dfrac{2}{5}$	$\dfrac{3}{10}$	$\dfrac{1}{5}$	$\dfrac{1}{10}$	1

풀이 (1) $\mathrm{E}(X)=1\times\dfrac{2}{5}+2\times\dfrac{3}{10}+3\times\dfrac{1}{5}+4\times\dfrac{1}{10}=2$이므로

$\mathrm{E}(2X+1)=2\mathrm{E}(X)+1=5$ ⤳ $\mathrm{E}(aX+b)=a\mathrm{E}(X)+b$

(2) $\mathrm{V}(X)=\mathrm{E}(X^2)-\{\mathrm{E}(X)\}^2=\left(1^2\times\dfrac{2}{5}+2^2\times\dfrac{3}{10}+3^2\times\dfrac{1}{5}+4^2\times\dfrac{1}{10}\right)-2^2=1$이므로

$\mathrm{V}(2X+1)=4\mathrm{V}(X)=4$ ⤳ $\mathrm{V}(aX+b)=a^2\mathrm{V}(X)$

(3) $\sigma(X)=\sqrt{\mathrm{V}(X)}=1$이므로

$\sigma(2X+1)=|2|\sigma(X)=2$ ⤳ $\sigma(aX+b)=|a|\sigma(X)$

📋 (1) 5 (2) 4 (3) 2

○ 8857-0104

8 확률변수 X에 대하여 $\mathrm{E}(X)=4$, $\mathrm{E}(X^2)=25$일 때, 확률변수 $Y=-3X+2$에 대하여 $\mathrm{E}(Y)$, $\sigma(Y)$의 값을 각각 구하시오.

○ 8857-0105

9 확률변수 X의 평균과 표준편차가 각각 m, σ일 때, 확률변수 $Z=\dfrac{X-m}{\sigma}$의 평균과 표준편차를 각각 구하시오.

6 이항분포

한 번의 시행에서 사건 A가 일어날 확률이 p일 때, n회의 독립시행에서 사건 A가 일어나는 횟수를 확률변수 X라 하면 X가 갖는 값은 0, 1, 2, $\cdots$, n이고, X의 확률질량함수는

$$\mathrm{P}(X=x)={}_n\mathrm{C}_x p^x q^{n-x} \text{ (단, } q=1-p, \; x=0, 1, 2, \cdots, n, \; p^0=q^0=1)$$

이다. 이와 같은 확률변수 X의 확률분포를 이항분포라 하고, 기호로 $\mathrm{B}(n, p)$와 같이 나타낸다. 이때 확률변수 X는 이항분포 $\mathrm{B}(n, p)$를 따른다고 하며, X의 확률분포를 표로 나타내면 다음과 같다.

X	0	1	2	$\cdots$	r	$\cdots$	n	합계
$\mathrm{P}(X=x)$	${}_n\mathrm{C}_0 q^n$	${}_n\mathrm{C}_1 p^1 q^{n-1}$	${}_n\mathrm{C}_2 p^2 q^{n-2}$	$\cdots$	${}_n\mathrm{C}_r p^r q^{n-r}$	$\cdots$	${}_n\mathrm{C}_n p^n$	1

Plus
❶ 확률변수 X가 각각의 값을 가질 확률이 독립시행의 확률이다.
❷ $\mathrm{B}(n, p)$의 B는 Binomial distribution (이항분포)의 첫 글자이다.

 6 한 개의 동전을 4번 던졌을 때 앞면이 나오는 횟수를 확률변수 X라 할 때, 다음 물음에 답하시오.

(1) 확률변수 X의 확률분포를 표로 나타내시오.

(2) 확률변수 X가 이항분포를 따르는 것을 확인하고, $\mathrm{B}(n, p)$로 나타내시오.

풀이 (1) 한 개의 동전을 한 번 던졌을 때 앞면이 나올 확률은 $\dfrac{1}{2}$이다.

한 개의 동전을 4번 던졌을 때 앞면이 나오는 횟수가 확률변수 X이므로 X가 가질 수 있는 값은 0, 1, 2, 3, 4이다. 이때 X의 확률분포를 표로 나타내면 다음과 같다.

X	0	1	2	3	4	합계
$\mathrm{P}(X=x)$	${}_4\mathrm{C}_0\left(\dfrac{1}{2}\right)^4$	${}_4\mathrm{C}_1\left(\dfrac{1}{2}\right)^1\left(\dfrac{1}{2}\right)^3$	${}_4\mathrm{C}_2\left(\dfrac{1}{2}\right)^2\left(\dfrac{1}{2}\right)^2$	${}_4\mathrm{C}_3\left(\dfrac{1}{2}\right)^3\left(\dfrac{1}{2}\right)^1$	${}_4\mathrm{C}_4\left(\dfrac{1}{2}\right)^4$	1

(2) (1)에서 확률변수 X는 0, 1, 2, 3, 4의 값을 갖고, 확률변수 X의 확률질량함수는

$$\mathrm{P}(X=x)={}_4\mathrm{C}_x\left(\frac{1}{2}\right)^x\left(\frac{1}{2}\right)^{4-x} \left(x=0, 1, 2, 3, 4, \; \left(\frac{1}{2}\right)^0=1\right)$$

즉, 각각의 X의 값에 따른 확률이 독립시행의 확률이므로 확률변수 X의 확률분포는 이항분포를 따른다.

이때 $n=4$, $p=\dfrac{1}{2}$ 이므로 확률변수 X는 이항분포 $\mathrm{B}\left(4, \dfrac{1}{2}\right)$을 따른다.

이항분포는 독립시행 횟수 n과 매시행에서 특정한 사건이 일어날 확률 p에 의하여 정해지므로 기호 $\mathrm{B}(n, p)$로 나타낸다.

답 (1) 풀이 참조 (2) $\mathrm{B}\left(4, \dfrac{1}{2}\right)$

🔘 8857-0106

 10 한 개의 주사위를 10번 던졌을 때 3의 배수의 눈이 나오는 횟수를 확률변수 X라 하자. 확률변수 X가 이항분포를 따르는 것을 확인하고, $\mathrm{B}(n, p)$로 나타내시오.

🔘 8857-0107

11 확률변수 X가 이항분포 $\mathrm{B}\left(3, \dfrac{2}{3}\right)$를 따를 때, 다음 물음에 답하시오.

(1) 확률변수 X의 확률분포를 표로 나타내시오.   (2) $\mathrm{P}(X>1)$의 값을 구하시오.

7 이항분포의 평균, 분산, 표준편차

Plus

❶ 큰 수의 법칙에 의하여 시행횟수 n이 충분히 클 때 상대도수, 즉 통계적 확률은 수학적 확률에 가까워진다. 따라서 자연 현상 및 사회 현상에서 수학적 확률을 구하기 곤란한 경우에는 시행 횟수를 충분히 크게 한 후 통계적 확률을 이용할 수 있다.

(1) **이항분포의 평균, 분산, 표준편차**

확률변수 X가 이항분포 $\mathrm{B}(n, p)$를 따를 때, X의 평균, 분산, 표준편차는 다음과 같다.

① 평균: $\mathrm{E}(X)=np$
② 분산: $\mathrm{V}(X)=npq$ (단, $q=1-p$)
③ 표준편차: $\sigma(X)=\sqrt{npq}$ (단, $q=1-p$)

(2) **큰 수의 법칙**❶

어떤 시행에서 사건 A가 일어날 확률이 p일 때, n번의 독립시행에서 사건 A가 일어날 확률을 X라 하면 상대도수 $\dfrac{X}{n}$는 n이 한없이 커질수록 p에 가까워진다.

 7

흰 공 3개, 검은 공 2개가 들어 있는 주머니에서 임의로 한 개의 공을 꺼내어 색깔을 확인하고 다시 넣는 시행을 25회 반복할 때, 검은 공이 나오는 횟수를 확률변수 X라 하자. 다음 물음에 답하시오.

(1) 확률변수 X의 평균 $\mathrm{E}(X)$의 값을 구하시오.
(2) 확률변수 X의 분산 $\mathrm{V}(X)$의 값을 구하시오.
(3) 확률변수 X의 표준편차 $\sigma(X)$의 값을 구하시오.

풀이 1회의 시행에서 검은 공이 나올 확률은 $\dfrac{2}{5}$이고, 25회의 독립시행에서 검은 공이 나오는 횟수가 확률변수 X이므로 확률변수 X는 이항분포 $\mathrm{B}\left(25, \dfrac{2}{5}\right)$를 따른다.

따라서

$\mathrm{E}(X)=25\times\dfrac{2}{5}=10$
$\underbrace{}_{\mathrm{E}(X)=m=np}$
$\mathrm{V}(X)=25\times\dfrac{2}{5}\times\dfrac{3}{5}=6$
$\underbrace{}_{\mathrm{V}(X)=npq}$
$\sigma(X)=\sqrt{\mathrm{V}(X)}=\sqrt{6}$

🔖 (1) 10 (2) 6 (3) $\sqrt{6}$

◑ 8857-0108

12 1부터 8까지의 자연수가 하나씩 적혀 있는 8개의 공이 들어 있는 주머니에서 임의로 한 개의 공을 꺼내어 공에 적힌 수를 확인하고 다시 넣는 시행을 20회 반복할 때, 4의 배수가 적혀 있는 공이 나오는 횟수를 확률변수 X라 하자. $\mathrm{V}(X)$의 값을 구하시오.

◑ 8857-0109

13 이항분포 $\mathrm{B}(n, p)$를 따르는 확률변수 X의 평균과 분산이 각각 $\mathrm{E}(X)=16$, $\mathrm{V}(X)=12$일 때, n, p의 값을 각각 구하시오.

| 이산확률변수의 확률분포와 확률질량함수 |

8857-0110

1 확률변수 X가 갖는 값이 1, 2, 3이고, X의 확률질량함수가

$$P(X=x)=\frac{k\times{}_3C_x}{{}_6C_x}\ (x=1,\ 2,\ 3)$$

일 때, 상수 k의 값은?

① $\frac{1}{3}$ ② $\frac{2}{3}$ ③ 1   ④ $\frac{4}{3}$ ⑤ $\frac{5}{3}$

|이산확률변수의 기댓값 |

8857-0111

2 확률변수 X의 확률분포가 오른쪽 표와 같을 때, $E(X)$의 값은? (단, a는 상수이다.)

X	0	2	4	합계
$P(X=x)$	$\frac{1}{9}$	a	$\frac{1}{3}$	1

① $\frac{7}{3}$ ② $\frac{22}{9}$ ③ $\frac{23}{9}$

④ $\frac{8}{3}$ ⑤ $\frac{25}{9}$

| 확률변수 $aX+b$의 평균, 분산, 표준편차 |

8857-0112

3 주머니 안에 숫자 1이 적힌 공이 3개, 숫자 2가 적힌 공이 1개, 숫자 3이 적힌 공이 1개 들어 있다. 이 주머니에서 임의로 2개의 공을 동시에 꺼낼 때, 꺼낸 공에 적힌 수의 곱을 확률변수 X라 하자. $V(5X+2)$의 값은?

① 51   ② 53   ③ 55   ④ 57   ⑤ 59

| 이항분포의 평균, 분산, 표준편차 |

8857-0113

4 주사위 한 개를 60번 던졌을 때 6의 양의 약수의 눈이 나오는 횟수를 확률변수 X라 할 때, $V(X)$의 값은?

① 12   ② $\frac{38}{3}$ ③ $\frac{40}{3}$ ④ 14   ⑤ $\frac{44}{3}$

| 이항분포의 평균, 분산, 표준편차 |

8857-0114

5 확률변수 X의 확률질량함수가 다음과 같다.

$$P(X=x)={}_{32}C_x\left(\frac{1}{2}\right)^{32}\ (x=0,\ 1,\ 2,\ \cdots,\ 32)$$

$E(X^2)$의 값은?

① 248   ② 252   ③ 256   ④ 260   ⑤ 264

Ⅲ. 통계

1 연속확률변수와 확률밀도함수

(1) 연속확률변수

확률변수 X가 어떤 구간 안에 있는 모든 실수 값을 가질 때, X를 연속확률변수라고 한다.❶

(2) 확률밀도함수

일반적으로 $a \le X \le b$의 모든 실수 값을 가지는 연속확률변수 X에 대하여 함수 $f(x)$가 다음과 같은 성질을 가질 때, 함수 $f(x)$를 연속확률변수 X의 확률밀도함수라고 한다.

① $f(x) \ge 0 \ (a \le x \le b)$

② 함수 $y = f(x)$의 그래프와 x축 및 두 직선 $x = a$, $x = b$로 둘러싸인 부분의 넓이는 1이다.

③ $\mathrm{P}(\alpha \le X \le \beta)$는 함수 $y = f(x)$의 그래프와 x축 및 두 직선 $x = \alpha$, $x = \beta$로 둘러싸인 부분의 넓이와 같다. (단, $a \le \alpha \le \beta \le b$)❷

Plus

❶ 시간, 길이, 무게, 온도 등과 같이 어떤 구간에 속하는 모든 실수 값을 가지는 확률변수 X를 연속확률변수라고 한다.

❷ 연속확률변수 X가 하나의 값을 가질 확률은 0이다. 즉,
$\mathrm{P}(X = \alpha)$
$= \mathrm{P}(X = \beta) = 0$
이므로
$\mathrm{P}(\alpha < X < \beta)$
$= \mathrm{P}(\alpha \le X < \beta)$
$= \mathrm{P}(\alpha < X \le \beta)$
$= \mathrm{P}(\alpha \le X \le \beta)$

예제 1 연속확률변수 X의 확률밀도함수가 $f(x) = \dfrac{1}{2}x \ (0 \le x \le 2)$일 때, 다음 물음에 답하시오.

(1) $\mathrm{P}(0 \le X \le 2) = 1$임을 확인하시오.　　　　(2) $\mathrm{P}(1 \le X \le 2)$의 값을 구하시오.

풀이 (1) $\mathrm{P}(0 \le X \le 2)$의 값은 함수 $y = f(x)$의 그래프와 x축 및 직선 $x = 2$로 둘러싸인 부분, 즉 오른쪽 그림에서 색칠한 삼각형의 넓이와 같으므로

$\mathrm{P}(0 \le X \le 2) = \dfrac{1}{2} \times 2 \times 1 = 1$

└─ 함수 $f(x)$가 확률밀도함수임을 확인하는 과정이다.

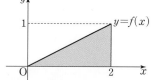

(2) $\mathrm{P}(1 \le X \le 2)$의 값은 함수 $y = f(x)$의 그래프와 x축 및 두 직선 $x = 1$, $x = 2$로 둘러싸인 부분, 즉 오른쪽 그림에서 색칠한 사다리꼴의 넓이와 같고,

$f(1) = \dfrac{1}{2}$, $f(2) = 1$이므로　└─ 연속확률변수에서의 확률은 넓이로 정의한다.

$\mathrm{P}(1 \le X \le 2) = \dfrac{1}{2} \times \{f(1) + f(2)\} \times 1 = \dfrac{1}{2} \times \left(\dfrac{1}{2} + 1\right) \times 1 = \dfrac{3}{4}$

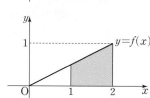

[다른 풀이]

$\mathrm{P}(1 \le X \le 2)$의 값은 (1)에서 구한 삼각형의 넓이 1에서 함수 $y = f(x)$의 그래프와 x축 및 직선 $x = 1$로 둘러싸인 삼각형의 넓이를 뺀 값과 같다.

즉, $\mathrm{P}(1 \le X \le 2) = 1 - \mathrm{P}(0 \le X \le 1) = 1 - \dfrac{1}{2} \times 1 \times \dfrac{1}{2} = 1 - \dfrac{1}{4} = \dfrac{3}{4}$

目 (1) 풀이 참조 (2) $\dfrac{3}{4}$

유제

○ 8857-0115

1 연속확률변수 X의 확률밀도함수가 $f(x) = kx \ (0 \le x \le 4)$일 때, 다음을 구하시오.

(1) 상수 k의 값　　　　　　　　　　(2) $\mathrm{P}(1 \le X \le 3)$의 값

2 정규분포

모든 실수 값을 갖는 연속확률변수 X의 확률밀도함수 $f(x)$가

$$f(x) = \frac{1}{\sqrt{2\pi}\sigma} e^{-\frac{(x-m)^2}{2\sigma^2}}$$

(단, m은 상수, σ는 양의 상수, e는 $2.71828\cdots$인 무리수, $-\infty < x < \infty$)

일 때, X의 확률분포를 정규분포라 하고, X는 평균이 m이고, 표준편차가 σ인 정규분포를 따른다고 한다. 이때 평균이 m이고, 표준편차가 σ인 정규분포를 기호로 $\mathrm{N}(m, \sigma^2)$과 같이 나타낸다.

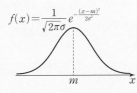

❶ $\mathrm{N}(m, \sigma^2)$에서 N은 Normal distribution (정규분포)의 첫 글자이고 함수 $y=f(x)$의 그래프는 다음과 같은 성질을 갖는다.
① 직선 $x=m$에 대하여 대칭이고 종 모양의 곡선이다.
② 곡선과 x축 사이의 넓이는 1이다.
③ $x=m$에서 최댓값을 갖고 x축을 점근선으로 갖는다.

---

 2 연속확률변수 X가 정규분포 $\mathrm{N}(m, \sigma^2)$을 따를 때, 옳은 것만을 **보기**에서 있는 대로 고른 것은?

┤ 보기 ├

ㄱ. $\mathrm{P}(-\infty < X < \infty) = 1$ ㄴ. $\mathrm{P}(X \geq m) = 0.5$

ㄷ. $a > m$일 때, $\mathrm{P}(X \geq a) = 0.5 - \mathrm{P}(m \leq X \leq a)$

① ㄱ   ② ㄱ, ㄴ   ③ ㄱ, ㄷ   ④ ㄴ, ㄷ   ⑤ ㄱ, ㄴ, ㄷ

풀이   ㄱ. 정규분포곡선과 x축 사이의 넓이는 1이므로 $\mathrm{P}(-\infty < X < \infty) = 1$ (참)
　　　　　평균이 m, 표준편차가 σ인 정규분포를 따르는 연속확률변수 X의 확률밀도함수의 그래프를 정규분포곡선이라 한다.

ㄴ. 정규분포곡선은 직선 $x=m$에 대하여 대칭이므로 $\mathrm{P}(X \geq m) = 0.5$ (참)

ㄷ. $a > m$일 때, 확률 $\mathrm{P}(X \geq a)$는 오른쪽 그림에서 색칠한 부분의 넓이와 같으므로

$$\mathrm{P}(X \geq a) = \mathrm{P}(X \geq m) - \mathrm{P}(m \leq X \leq a)$$
$$= 0.5 - \mathrm{P}(m \leq X \leq a) \text{ (참)}$$

따라서 보기 중 옳은 것은 ㄱ, ㄴ, ㄷ이다.

정규분포 $\mathrm{N}(m, \sigma^2)$을 따르는 확률변수 X가 a 이상 b 이하일 확률 $\mathrm{P}(a \leq X \leq b)$의 값은 오른쪽 그림에서 색칠한 부분의 넓이이다.

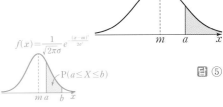

답 ⑤

○ 8857-0116

 2 정규분포를 따르는 연속확률변수 X의 평균과 표준편차가 다음과 같을 때, X가 따르는 정규분포를 기호로 나타내시오.

(1) $\mathrm{E}(X) = 5$, $\sigma(X) = 2$ (2) $\mathrm{E}(X) = 10.2$, $\sigma(X) = 0.3$ (3) $\mathrm{E}(X) = \dfrac{9}{2}$, $\sigma(X) = \dfrac{1}{2}$

○ 8857-0117

3 확률변수 X가 정규분포 $\mathrm{N}(50, 9)$를 따를 때, 다음 물음에 답하시오.

(1) 확률변수 X의 평균 $\mathrm{E}(X)$와 분산 $\mathrm{V}(X)$의 값을 각각 구하시오.

(2) $\mathrm{P}(50 \leq X \leq 56)$의 값과 $\mathrm{P}(45 \leq X \leq 50)$의 값의 대소 관계를 비교하시오.

3 표준정규분포(1)

(1) 표준정규분포

정규분포 중에서 특히 $m=0$, $\sigma=1$인 정규분포 $N(0, 1)$을 표준정규분포라고 한다.①

(2) 표준정규분포에서의 확률

확률변수 Z가 표준정규분포 $N(0, 1)$을 따를 때,

① 양수 a에 대하여 확률 $P(0\leq Z\leq a)$는 오른쪽 그림에서 색칠한 부분의 넓이와 같다.

② 표준정규분포표를 이용하여 확률 $P(0\leq Z\leq a)$를 구할 수 있다.②

예 $P(0\leq Z\leq 1.96)$의 값은 오른쪽 그림의 표준정규분포표에서 왼쪽에 있는 수의 열에서 1.9를 찾은 다음 위쪽에 있는 수의 행에서 0.06을 찾아 행과 열이 만나는 곳의 수를 찾으면 된다.

즉, $P(0\leq Z\leq 1.96)=0.4750$이다.

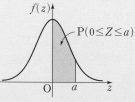

z	0.00	...	0.06	...
0.0				
:				
1.9			.4750	
:				

 3 확률변수 Z가 표준정규분포 $N(0, 1)$을 따를 때 오른쪽 표준정규분포표를 이용하여 다음을 구하시오.

(1) $P(0\leq Z\leq 1.25)$

(2) $P(1.25\leq Z\leq 2.41)$

z	0.00	0.01	...	0.05	...
:					
1.2	.3849	.3869	...	.3944	...
:					
2.4	.4918	.4920	...	.4929	...
:					

풀이 (1) $P(0\leq Z\leq 1.25)$의 값은 오른쪽 그림에서 색칠한 부분의 넓이와 같다.

이를 주어진 표준정규분포표를 이용하여 구하면

$P(0\leq Z\leq 1.25)=0.3944$ ⎬ 왼쪽에 있는 수의 열에서 1.2를 찾은 다음 위쪽에 있는 수의 행에서 0.05를 찾아 행과 열이 만나는 곳의 수를 찾는다.

(2) $P(1.25\leq Z\leq 2.41)$의 값은 오른쪽 그림에서 색칠한 부분의 넓이와 같다.

이를 주어진 표준정규분포표를 이용하여 구하면

$P(1.25\leq Z\leq 2.41)=P(0\leq Z\leq 2.41)-P(0\leq Z\leq 1.25)$

$=0.4920-0.3944=0.0976$

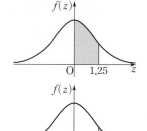

답 (1) 0.3944 (2) 0.0976

○ 8857-0118

 4 확률변수 Z가 표준정규분포 $N(0, 1)$을 따를 때, 다음 확률을 만족시키는 상수 a, b의 값을 각각 구하시오. (단, $a>0$, $b>1$이고 Z가 표준정규분포를 따르는 확률변수일 때, $P(0\leq Z\leq 1)=0.3413$, $P(0\leq Z\leq 2)=0.4772$로 계산한다.)

(1) $P(0\leq Z\leq a)=0.4772$

(2) $P(1\leq Z\leq b)=0.1359$

❹ 표준정규분포(2)

확률변수 Z가 표준정규분포를 따를 때, 표준정규분포표는 양수 a에 대하여 확률 $P(0 \leq Z \leq a)$의 값만이 주어져 있다. 이때 다음의 확률변수 Z의 표준정규분포곡선의 성질

　① 직선 $z=0$에 대하여 대칭이다.　　② $P(Z \geq 0) = P(Z \leq 0) = 0.5$이다.

를 이용하여 다음의 확률을 구할 수 있다. (단, $0 < a < b$)

(i) $P(-a \leq Z \leq 0) = P(0 \leq Z \leq a)$
(ii) $P(a \leq Z \leq b) = P(0 \leq Z \leq b) - P(0 \leq Z \leq a)$
(iii) $P(Z \geq a) = 0.5 - P(0 \leq Z \leq a)$
(iv) $P(-a \leq Z \leq b) = P(0 \leq Z \leq a) + P(0 \leq Z \leq b)$

$P(Z \geq a)$

$P(-a \leq Z \leq b)$

Plus

❶ 표준정규분포곡선은 직선 $z=0$에 대하여 대칭이므로 음수의 값은 양수로 바꾸어 구한다.

❷ $P(Z \geq a)$
$= P(Z \geq 0)$
$\quad - P(0 \leq Z \leq a)$
$= 0.5 - P(0 \leq Z \leq a)$

❸ $P(-a \leq Z \leq b)$
$= P(-a \leq Z \leq 0)$
$\quad + P(0 \leq Z \leq b)$
$= P(0 \leq Z \leq a)$
$\quad + P(0 \leq Z \leq b)$

 4　확률변수 Z가 표준정규분포 $N(0, 1)$을 따를 때, 오른쪽 표준정규분포표를 이용하여 다음을 구하시오.

z	$P(0 \leq Z \leq z)$
1.0	0.3413
2.0	0.4772

　⑴ $P(-1 \leq Z \leq 0)$　　　　　　⑵ $P(Z \geq 2)$

풀이　┌─ 확률을 구할 때에는 표준정규분포곡선을 이용하여 나타낸 후 표준정규분포표를 이용하면 편리하다.

⑴ $P(-1 \leq Z \leq 0)$의 값은 오른쪽 그림의 색칠한 부분의 넓이와 같다.
　이때 표준정규분포곡선이 직선 $z=0$에 대하여 대칭이므로 구하는 확률은
　$P(0 \leq Z \leq 1)$의 값과 같다.
　따라서 주어진 표준정규분포표를 이용하여 확률을 구하면
　$P(-1 \leq Z \leq 0) = P(0 \leq Z \leq 1) = 0.3413$

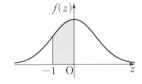

⑵ $P(Z \geq 2)$의 값은 오른쪽 그림의 색칠한 부분의 넓이와 같다.
　이때 표준정규분포곡선이 직선 $z=0$에 대하여 대칭이므로 $P(Z \geq 0) = 0.5$이다.
　따라서 주어진 표준정규분포표를 이용하여 확률을 구하면
　$P(Z \geq 2) = 0.5 - P(0 \leq Z \leq 2) = 0.5 - 0.4772 = 0.0228$

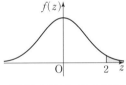

답 ⑴ 0.3413　⑵ 0.0228

◐ 8857-0119

 5　다음은 확률변수 Z가 표준정규분포 $N(0, 1)$을 따를 때, $P(-2 \leq Z \leq -1)$의 값을 오른쪽 표준정규분포표를 이용하여 구하는 과정이다. 빈칸에 알맞은 수를 차례대로 써 넣으시오.

z	$P(0 \leq Z \leq z)$
1.0	0.3413
2.0	0.4772

$P(-2 \leq Z \leq -1)$은 오른쪽 그림의 색칠한 부분의 넓이와 같고,
표준정규분포곡선이 직선 $z=0$에 대하여 대칭이므로
$P(-2 \leq Z \leq -1) = P(-2 \leq Z \leq 0) - P(-1 \leq Z \leq 0)$
$\qquad\qquad\qquad\quad = P(0 \leq Z \leq \boxed{}) - P(\boxed{} \leq Z \leq 1)$
$\qquad\qquad\qquad\quad = \boxed{} - \boxed{} = \boxed{}$

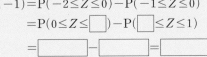

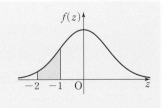

5 정규분포와 표준정규분포의 관계

(1) **확률변수의 표준화** ❶

확률변수 X가 정규분포 $N(m, \sigma^2)$을 따를 때, 확률변수 Z를

$$Z = \frac{X-m}{\sigma}$$

이라 하면 Z는 표준정규분포 $N(0, 1)$을 따른다.

(2) **정규분포의 확률** ❷

확률변수 X가 정규분포 $N(m, \sigma^2)$을 따를 때, X가 a 이상 b 이하의 값을 가질 확률은 X를 표준화하여 다음과 같이 구한다. (단, $a \leq b$)

$$P(a \leq X \leq b) = P\left(\frac{a-m}{\sigma} \leq \frac{X-m}{\sigma} \leq \frac{b-m}{\sigma}\right)$$
$$= P\left(\frac{a-m}{\sigma} \leq Z \leq \frac{b-m}{\sigma}\right)$$

예제 5 확률변수 X가 정규분포 $N(10, 4^2)$을 따를 때, 오른쪽 표준정규분포표를 이용하여 $P(6 \leq X \leq 18)$의 값을 구하시오.

z	$P(0 \leq Z \leq z)$
1.0	0.3413
2.0	0.4772

풀이 확률변수 X가 정규분포 $N(10, 4^2)$을 따르므로 ―― $E(X)=m=10, \sigma(X)=\sigma=4$

$Z = \dfrac{X-10}{4}$으로 놓으면 확률변수 Z는 표준정규분포 $N(0, 1)$을 따른다.

확률변수의 표준화 $Z = \dfrac{X-m}{\sigma}$

$$P(6 \leq X \leq 18) = P\left(\frac{6-10}{4} \leq \frac{X-10}{4} \leq \frac{18-10}{4}\right) = P(-1 \leq Z \leq 2)$$

즉, $P(6 \leq X \leq 18)$의 값은 $P(-1 \leq Z \leq 2)$의 값과 같고, 오른쪽 그림의 색칠한 부분의 넓이와 같다. 주어진 표준정규분포표에서

$P(0 \leq Z \leq 1) = 0.3413$, $P(0 \leq Z \leq 2) = 0.4772$이므로

$$P(6 \leq X \leq 18) = P(-1 \leq Z \leq 2)$$
$$= P(-1 \leq Z \leq 0) + P(0 \leq Z \leq 2)$$

표준정규분포곡선이 직선 $z=0$에 대하여 대칭이므로
$P(-1 \leq Z \leq 0) = P(0 \leq Z \leq 1)$

$$= P(0 \leq Z \leq 1) + P(0 \leq Z \leq 2)$$
$$= 0.3413 + 0.4772 = 0.8185$$

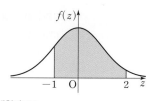

답 0.8185

○ 8857-0120

유제 6 확률변수 X가 정규분포 $N(16, 2^2)$을 따를 때, 오른쪽 표준정규분포표를 이용하여 다음을 구하시오.

z	$P(0 \leq Z \leq z)$
1.0	0.3413
1.5	0.4332
2.0	0.4772

(1) $P(X \leq 20)$의 값

(2) $P(13 \leq X \leq 18)$의 값

(3) $P(X \geq a) = 0.1587$인 상수 a의 값

(4) $P(b \leq X \leq 18) = 0.8185$인 상수 b의 값

6 정규분포의 활용

실생활에서 정규분포를 따르는 확률변수 X에 대한 확률은 다음 순서로 구한다.
① 확률변수 X를 정한다.
② 확률변수 X의 평균 m과 표준편차 σ를 이용하여 정규분포를 따르는 확률변수 X의 분포를 $N(m, \sigma^2)$ 꼴로 나타낸다.
③ 구하는 확률을 X로 표현한다.
④ 확률변수 X를 표준정규분포를 따르는 확률변수 $Z=\dfrac{X-m}{\sigma}$으로 표준화한 후 표준정규분포표를 이용하여 확률을 구한다.

Plus

❶ 활용 문제에서는 확률변수를 정하는 것이 중요하다. 문제의 상황에서 확률변수를 확인하고 이를 수학적으로 표현하도록 한다.

예제 6

어느 공항에서 처리되는 각 수하물의 무게는 평균이 20 kg, 표준편차가 2 kg인 정규분포를 따른다고 한다. 이 공항에서 처리되는 수하물 중에서 임의로 한 개를 선택할 때, 이 수하물의 무게가 16 kg 이상이고 22 kg 이하일 확률을 오른쪽 표준정규분포표를 이용하여 구한 것은?

z	$P(0 \leq Z \leq z)$
1.0	0.3413
1.5	0.4332
2.0	0.4772

① 0.5328　　② 0.6247　　③ 0.7745
④ 0.8185　　⑤ 0.9104

풀이 어느 공항에서 처리되는 각 수하물의 무게를 확률변수 X라 하면 〔확률변수 X를 정한다.〕
X는 정규분포 $N(20, 2^2)$을 따르고, 구하는 확률은 $P(16 \leq X \leq 22)$이다. 〔구하는 확률을 X로 표현한다.〕
$Z=\dfrac{X-20}{2}$으로 놓으면 〔확률변수 X의 분포를 $N(m, \sigma^2)$ 꼴로 나타낸다.〕 확률변수 Z는 표준정규분포 $N(0, 1)$을 따른다. 이때 〔확률변수 X를 확률변수 $Z=\dfrac{X-m}{\sigma}$으로 표준화한다.〕

$$P(16 \leq X \leq 22) = P\left(\frac{16-20}{2} \leq \frac{X-20}{2} \leq \frac{22-20}{2}\right)$$
$$= P(-2 \leq Z \leq 1)$$

이므로 구하는 확률은 오른쪽 그림의 색칠한 부분의 넓이와 같다.
주어진 표준정규분포표에서 $P(0 \leq Z \leq 1)=0.3413$, $P(0 \leq Z \leq 2)=0.4772$이므로

$$P(16 \leq X \leq 22) = P(-2 \leq Z \leq 1)$$
$$= P(-2 \leq Z \leq 0) + P(0 \leq Z \leq 1)$$ 〔표준정규분포곡선이 직선 $z=0$에 대하여 대칭이므로 $P(-2 \leq Z \leq 0) = P(0 \leq Z \leq 2)$〕
$$= P(0 \leq Z \leq 2) + P(0 \leq Z \leq 1)$$
$$= 0.4772 + 0.3413 = 0.8185$$

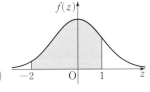

답 ④

❍ 8857-0121

유제 7

어느 회사에서 생산된 태블릿 PC가 방전된 후 완전히 충전시키는 데 걸리는 시간은 평균 240분, 표준편차가 15분인 정규분포를 따른다고 한다. 이 회사에서 생산한 태블릿 PC 중에서 임의로 한 개를 선택할 때, 이 태블릿 PC가 방전된 후 완전히 충전시키는 데 걸리는 시간이 255분 이하일 확률을 오른쪽 표준정규분포표를 이용하여 구하시오.

z	$P(0 \leq Z \leq z)$
1.0	0.3413
1.5	0.4332
2.0	0.4772

7 이항분포와 정규분포의 관계

확률변수 X가 이항분포 $B(n, p)$를 따를 때, n이 충분히 크면 X는 근사적으로 정규분포 $N(np, npq)$를 따른다. (단, $q=1-p$)

설명 주사위를 n회 던질 때, 1의 눈이 나오는 횟수를 확률변수 X라 하면 X는 이항분포 $B\left(n, \dfrac{1}{6}\right)$을 따른다. [그림 1]은 주사위를 던지는 횟수가 $n=10, 30, 50$일 때의 이항분포를 그래프로 나타낸 것이고, 점들을 부드럽게 연결하면 [그림 2]를 얻을 수 있다. 일반적으로 이항분포 $B(n, p)$의 그래프는 n의 값이 커지면 좌우 대칭인 정규분포곡선에 가까워짐을 알 수 있다.

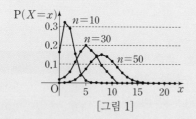

[그림 1]

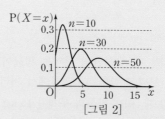

[그림 2]

Plus
❶ 확률변수 X가 이항분포 $B(n, p)$을 따를 때
$m=E(X)=np$
$\sigma^2=V(X)=npq$
(단, $q=1-p$)
❷ 일반적으로 $np \geq 5$, $nq \geq 5$이면 n이 충분히 큰 것으로 생각한다.
(단, $q=1-p$)

 7
한 개의 주사위를 한 번 던지는 시행을 72번 반복할 때, 3의 배수의 눈이 나오는 횟수를 확률변수 X라 하자. $P(20 \leq X \leq 28)$의 값을 오른쪽 표준정규분포표를 이용하여 구하시오.

z	$P(0 \leq Z \leq z)$
1.0	0.3413
2.0	0.4772

풀이 확률변수 X는 이항분포 $B\left(72, \dfrac{1}{3}\right)$을 따르므로 ┈ 한 번의 시행에서 3의 배수의 눈이 나올 확률

$E(X)=72 \times \dfrac{1}{3}=24$, $V(X)=72 \times \dfrac{1}{3} \times \dfrac{2}{3}=16=4^2$ ┈ 확률변수 X가 이항분포 $B(n, p)$를 따를 때, $E(X)=np$, $V(X)=npq$ (단, $q=1-p$)

72는 충분히 큰 수이므로 확률변수 X는 근사적으로 정규분포 $N(24, 4^2)$을 따른다.

$Z=\dfrac{X-24}{4}$로 놓으면 확률변수 Z는 표준정규분포 $N(0, 1)$을 따른다.

$P(20 \leq X \leq 28)=P\left(\dfrac{20-24}{4} \leq \dfrac{X-24}{4} \leq \dfrac{28-24}{4}\right)=P(-1 \leq Z \leq 1)$

이므로 구하는 확률은 오른쪽 그림의 색칠한 부분의 넓이와 같다.

주어진 표준정규분포표에서 $P(0 \leq Z \leq 1)=0.3413$이므로

$P(20 \leq X \leq 28)=P(-1 \leq Z \leq 1)=2P(0 \leq Z \leq 1)$

$=2 \times 0.3413=0.6826$ ┈ 표준정규분포곡선이 직선 $z=0$에 대하여 대칭이므로 $P(-1 \leq Z \leq 0)=P(0 \leq Z \leq 1)$

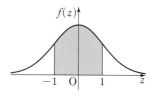

🔳 0.6826

🔗 8857-0122

8 한 개의 동전을 400회 던질 때, 앞면이 210회 이상 220회 이하로 나올 확률을 오른쪽 표준정규분포표를 이용하여 구하시오.

z	$P(0 \leq Z \leq z)$
1.0	0.3413
2.0	0.4772

| 연속확률변수와 확률밀도함수 | ⊙ 8857-0123

1 연속확률변수 X의 확률밀도함수의 그래프가 오른쪽 그림과 같을 때, $P\left(X \le \dfrac{3}{2}\right)$의 값은?

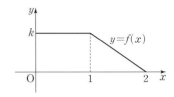

① $\dfrac{3}{4}$ ② $\dfrac{5}{6}$ ③ $\dfrac{7}{8}$

④ $\dfrac{9}{10}$ ⑤ $\dfrac{11}{12}$

| 정규분포 | ⊙ 8857-0124

2 확률변수 X가 정규분포 $N(18, 3^2)$을 따를 때, $P(X \le 12) = P(X \ge a)$를 만족시키는 상수 a의 값은?

① 22 ② 24 ③ 26 ④ 28 ⑤ 30

| 표준정규분포 | ⊙ 8857-0125

3 확률변수 X가 정규분포 $N(54, \sigma^2)$을 따를 때, $P(X \ge 45) = 0.9332$를 만족시키는 양의 σ의 값을 오른쪽 표준정규분포표를 이용하여 구하시오.

z	$P(0 \le Z \le z)$
1.0	0.3413
1.5	0.4332
2.0	0.4772

| 정규분포의 활용 | ⊙ 8857-0126

4 어느 공장에서 생산되는 제품 한 개의 무게는 평균이 32 g, 표준편차가 2 g인 정규분포를 따른다고 한다. 이 공장에서는 제품의 무게가 28 g 이하이거나 36 g 이상인 경우 불량품으로 판정한다고 한다. 이 공장에서 생산되는 제품 중에서 임의로 한 개를 선택할 때, 그 제품이 불량품으로 판정될 확률을 오른쪽 표준정규분포표를 이용하여 구한 것은?

z	$P(0 \le Z \le z)$
1.0	0.3413
2.0	0.4772

① 0.0456 ② 0.0896 ③ 0.0986 ④ 0.1336 ⑤ 0.1587

| 이항분포와 정규분포의 관계 | ⊙ 8857-0127

5 확률변수 X가 이항분포 $B\left(n, \dfrac{1}{5}\right)$을 따르고 $\sigma(X) = 6$을 만족시킬 때, $P(36 \le X \le 60)$의 값을 오른쪽 표준정규분포표를 이용하여 구한 것은?

z	$P(0 \le Z \le z)$
1.0	0.3413
1.5	0.4332
2.0	0.4772
2.5	0.4938

① 0.7745 ② 0.8351 ③ 0.9104

④ 0.9270 ⑤ 0.9710

1 모집단과 표본

(1) 통계 조사에서 조사의 대상이 되는 집단 전체를 모집
단이라 하고, 조사하기 위하여 모집단에서 뽑은 일부
를 표본이라고 한다.

(2) 통계 조사에서 모집단 전체를 조사하는 것을 전수조사
라고 하며, 모집단의 일부분, 즉 표본을 조사하는 것을 표본조사라고 한다.
또 표본조사에서 뽑은 표본의 개수를 표본의 크기라고 한다.

(3) 모집단에서 표본을 추출하는 방법 중 모집단에 속하는 각 대상이 같은 확률로 추
출되도록 하는 방법을 임의추출이라고 한다.
❶

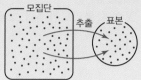
모집단 / 추출 / 표본

Plus

❶ 표본조사는 모집단에
서 추출한 표본에서
얻은 정보를 분석하여
모집단의 성질을 알아
내는 것이 목적이므로
모집단의 특징이 잘
반영되도록 표본을 추
출해야 한다. 이를 위
해서는 추출되는 표본
이 모집단의 어느 한
부분에 편중되지 않고
모집단의 각 대상이
같은 확률로 추출되어
야 한다.

예제 1 1, 2, 3의 숫자가 각각 하나씩 적힌 3개의 공이 들어 있는 주머니에서 임의로 한 개의 공을 꺼내어 숫자를
확인한 후 다시 주머니에 넣는 시행을 2회 실시하여 크기가 2인 표본을 추출할 때, 가능한 모든 표본의 개
수를 구하시오.

풀이 1, 2, 3의 숫자가 각각 하나씩 적힌 3개의 공이 들
어 있는 주머니에서 첫 번째 뽑은 수를 X_1, 두 번째 뽑은
수를 X_2라 하면 가능한 X_1, X_2의 순서쌍(X_1, X_2)은 오
른쪽 표와 같다.
따라서 가능한 표본의 개수는 9이다.

X_1＼X_2	1	2	3
1	(1, 1)	(1, 2)	(1, 3)
2	(2, 1)	(2, 2)	(2, 3)
3	(3, 1)	(3, 2)	(3, 3)

답 9

[다른 풀이]
가능한 모든 표본의 개수는 서로 다른 3개에서 중복을 허락하여 2개를 택하는 중복순열의 수와 같으므로
$_3\Pi_2 = 3^2 = 9$

└─ 3개의 공이 들어 있는 주머니에서 한 개의 공을 꺼내어 숫자를 확인한 후 다시 주머니에 넣는
시행이므로 1, 2, 3이 중복이 가능하고, 첫 번째 뽑은 수와 두 번째 뽑은 수가 구분되므로 중복
순열을 적용한다.

○ 8857-0128

유제 1 1부터 6까지의 자연수가 각각 하나씩 적혀 있는 6개의 공이 들어 있는 주머니에서 임의로 한 개의 공을 꺼
내어 숫자를 확인한 후 다시 주머니에 넣는 시행을 2회 실시하여 크기가 2인 표본을 추출할 때, 가능한 모든
표본의 개수를 구하시오.

2 모평균과 표본평균

(1) 어떤 모집단에서 조사하고자 하는 특성을 나타내는 확률변수를 X라고 할 때, X의 평균, 분산, 표준편차를 각각 모평균, 모분산, 모표준편차라 하고, 이것을 기호로 각각 m, σ^2, σ와 같이 나타낸다.

(2) 모집단에서 임의추출한 크기가 n인 표본을 X_1, X_2, X_3, $\cdots$, X_n이라 할 때, 이들의 평균, 분산, 표준편차를 각각 표본평균, 표본분산, 표본표준편차라 하고, 이것을 기호로 각각 $\overline{X}$, S^2, S와 같이 나타내고, 다음과 같이 정의한다.

① $\overline{X} = \dfrac{1}{n}(X_1 + X_2 + X_3 + \cdots + X_n)$

② $S^2 = \dfrac{1}{n-1}\{(X_1-\overline{X})^2 + (X_2-\overline{X})^2 + (X_3-\overline{X})^2 + \cdots + (X_n-\overline{X})^2\}$ ❶

③ $S = \sqrt{S^2}$

Plus

❶ 표본분산은 모분산과 달리 편차의 제곱의 합을 $n-1$로 나눈 값이다. 이는 표본분산과 모분산의 차이를 줄이기 위해서이다.

---

 2 1, 3, 5, 7의 숫자가 각각 하나씩 적힌 4개의 구슬이 들어 있는 주머니에서 임의로 한 개의 구슬을 꺼내어 구슬에 적힌 숫자를 확인한 후 다시 주머니에 넣는 시행을 2회 반복하여 꺼낸 구슬에 적힌 수의 평균을 $\overline{X}$라 할 때, $\mathrm{P}(\overline{X}=5)$의 값을 구하시오.

풀이 크기가 2인 표본을 추출하는 방법의 수는 서로 다른 4개에서 중복을 허락하여 2개를 택하는 중복순열의 수와 같으므로 그 수는 $_4\Pi_2 = 4^2 = 16$

첫 번째 꺼낸 구슬에 적힌 수를 X_1,

두 번째 꺼낸 구슬에 적힌 수를 X_2라 하고

표본평균 $\overline{X} = \dfrac{X_1 + X_2}{2}$를 구하면 오른쪽 표와 같다.

$\overline{X}=5$인 X_1, X_2의 순서쌍 (X_1, X_2)의 수는

$(5, 5)$, $(3, 7)$, $(7, 3)$의 3이므로

구하는 확률은

$\mathrm{P}(\overline{X}=5) = \dfrac{3}{16}$

X_1＼X_2	1	3	5	7
1	1	2	3	4
3	2	3	4	5
5	3	4	5	6
7	4	5	6	7

답 $\dfrac{3}{16}$

◐ 8857-0129

 2 모집단의 확률변수 X의 확률분포가 오른쪽 표와 같다. 이 모집단에서 크기가 2인 표본을 임의추출하여 구한 표본평균 $\overline{X}$에 대하여 $\mathrm{P}(\overline{X} \geq 1)$의 값을 구하시오.

X	-1	0	2	합계
$\mathrm{P}(X=x)$	$\dfrac{1}{6}$	$\dfrac{1}{3}$	$\dfrac{1}{2}$	1

3 표본평균의 평균, 분산, 표준편차

모평균이 m, 모표준편차가 σ인 모집단에서 임의추출한 크기가 n인 표본의 표본평균 $\overline{X}$에 대하여 다음이 성립한다.

(1) $\mathrm{E}(\overline{X})=m$

(2) $\mathrm{V}(\overline{X})=\dfrac{\sigma^2}{n}$

(3) $\sigma(\overline{X})=\dfrac{\sigma}{\sqrt{n}}$

Plus

❶ 모집단에서 크기가 같은 표본을 임의추출하였을 때, 표본평균 $\overline{X}$는 추출한 표본에 따라 달라지는 확률변수이다.

 3

모집단의 확률변수 X의 확률분포를 표로 나타내면 오른쪽과 같다. 다음 물음에 답하시오.

X	0	3	6	합계
$\mathrm{P}(X=x)$	$\dfrac{1}{4}$	$\dfrac{1}{2}$	$\dfrac{1}{4}$	1

(1) 확률변수 X의 모평균 m과 모표준편차 σ의 값을 각각 구하시오.

(2) 이 모집단에서 크기가 2인 표본을 임의추출하여 구한 표본평균 $\overline{X}$에 대하여 $\mathrm{E}(\overline{X})$, $\sigma(\overline{X})$의 값을 각각 구하시오.

풀이 (1) 주어진 표를 이용하여 확률변수 X의 모평균 m과 모표준편차 σ의 값을 구하면

$$m=\mathrm{E}(X)=0\times\frac{1}{4}+3\times\frac{1}{2}+6\times\frac{1}{4}=3$$

$$\sigma^2=\mathrm{V}(X)=\mathrm{E}(X^2)-\{\mathrm{E}(X)\}^2=0^2\times\frac{1}{4}+3^2\times\frac{1}{2}+6^2\times\frac{1}{4}-3^2=\frac{9}{2}$$

따라서 $\sigma=\sigma(X)=\sqrt{\mathrm{V}(X)}=\sqrt{\dfrac{9}{2}}=\dfrac{3\sqrt{2}}{2}$

(2) 모평균 $m=3$, 모표준편차 $\sigma=\dfrac{3\sqrt{2}}{2}$이고, 표본의 크기 $n=2$이므로

$$\mathrm{E}(\overline{X})=m=3,\ \sigma(\overline{X})=\frac{\sigma}{\sqrt{n}}=\frac{\frac{3\sqrt{2}}{2}}{\sqrt{2}}=\frac{3}{2}$$

> 모집단의 확률분포, 즉 확률변수 X의 모평균과 모표준편차를 알고 있을 때, 위의 성질을 이용하여 크기가 n인 표본의 표본평균 $\overline{X}$의 평균과 표준편차를 쉽게 구할 수 있다.

📖 (1) $m=3$, $\sigma=\dfrac{3\sqrt{2}}{2}$ (2) $\mathrm{E}(\overline{X})=3$, $\sigma(\overline{X})=\dfrac{3}{2}$

 유제

● 8857-0130

3 모평균이 24, 모분산이 8인 모집단에서 크기가 16인 표본을 임의추출하여 구한 표본평균 $\overline{X}$에 대하여 $\mathrm{E}(\overline{X})$, $\mathrm{V}(\overline{X})$, $\sigma(\overline{X})$의 값을 각각 구하시오.

● 8857-0131

4 모집단의 확률변수 X의 확률분포를 표로 나타내면 오른쪽과 같다. 이 모집단에서 크기가 4인 표본을 임의추출하여 구한 표본평균 $\overline{X}$에 대하여 $\mathrm{E}(\overline{X})$, $\sigma(\overline{X})$의 값을 각각 구하시오.

X	0	1	2	3	합계
$\mathrm{P}(X=x)$	$\dfrac{2}{5}$	$\dfrac{3}{10}$	$\dfrac{1}{5}$	$\dfrac{1}{10}$	1

4 표본평균의 확률분포

모평균이 m, 모표준편차가 σ인 모집단에서 임의추출한 크기가 n인 표본의 표본평균 $\overline{X}$에 대하여 다음이 성립한다.

(1) 모집단이 정규분포 $N(m, \sigma^2)$을 따르면 표본평균 $\overline{X}$는 정규분포 $N\left(m, \dfrac{\sigma^2}{n}\right)$을 따른다.

(2) 모집단이 정규분포를 따르지 않을 때에도 표본의 크기 n이 충분히 크면 표본평균 $\overline{X}$는 근사적으로 정규분포 $N\left(m, \dfrac{\sigma^2}{n}\right)$을 따른다.

Plus

❶ 모집단의 분포가 평균에 대하여 대칭일 때는 $n \geq 30$, 비대칭일 때는 $n \geq 50$이면 충분히 큰 n으로 생각한다.

 4

모평균이 100, 모표준편차가 12인 정규분포를 따르는 모집단에서 크기가 36인 표본을 임의추출하여 구한 표본평균을 $\overline{X}$라 할 때, $P(\overline{X} \leq 97)$의 값을 오른쪽 표준정규분포표를 이용하여 구하시오.

z	$P(0 \leq Z \leq z)$
1.0	0.3413
1.5	0.4332
2.0	0.4772

풀이 모집단이 정규분포 $N(100, 12^2)$을 따르고 표본의 크기가 36이므로

$E(\overline{X}) = 100$, $\sigma(\overline{X}) = \dfrac{12}{\sqrt{36}} = 2$ ⎡ $E(\overline{X}) = m$, $\sigma(\overline{X}) = \dfrac{\sigma}{\sqrt{n}}$

즉, 확률변수 $\overline{X}$는 정규분포 $N(100, 2^2)$을 따른다.

이때 $Z = \dfrac{\overline{X} - 100}{2}$으로 놓으면 확률변수 Z는 표준정규분포 $N(0, 1)$을 따른다.

따라서 구하는 확률은

$P(\overline{X} \leq 97) = P\left(\dfrac{\overline{X} - 100}{2} \leq \dfrac{97 - 100}{2}\right)$

$\quad = P(Z \leq -1.5) = P(Z \geq 1.5)$ 표준정규분포곡선이 직선 $z=0$에 대하여 대칭이므로 $P(Z \leq -1.5) = P(Z \geq 1.5)$

$\quad = 0.5 - P(0 \leq Z \leq 1.5)$

$\quad = 0.5 - 0.4332 = 0.0668$

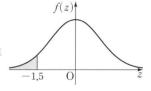

🔖 0.0668

🔗 8857-0132

5 모평균이 48, 모표준편차가 9인 정규분포를 따르는 모집단에서 크기가 9인 표본을 임의추출하여 구한 표본평균을 $\overline{X}$라 할 때, $P(51 \leq \overline{X} \leq 54)$의 값을 구하시오. (단, Z가 표준정규분포를 따르는 확률변수일 때, $P(0 \leq Z \leq 1) = 0.3413$, $P(0 \leq Z \leq 2) = 0.4772$로 계산한다.)

🔗 8857-0133

6 어느 제과점에서 만드는 빵 1개의 무게는 평균이 30 g, 표준편차가 2 g인 정규분포를 따른다고 한다. 이 제과점에서 만든 빵 중 임의추출한 16개의 무게의 표본평균이 29 g 이상일 확률을 오른쪽 표준정규분포표를 이용하여 구하시오.

z	$P(0 \leq Z \leq z)$
1.0	0.3413
1.5	0.4332
2.0	0.4772

03 통계적 추정

정답과 풀이 27쪽

5 모평균의 추정

(1) 모집단에서 추출한 표본에서 얻은 자료를 이용하여 모집단의 어떤 성질을 확률적으로 추측하는 것을 추정이라고 한다.

(2) 모집단의 분포가 정규분포 $\mathrm{N}(m, \sigma^2)$을 따를 때, 크기가 n인 표본을 임의추출하여 구한 표본평균 $\overline{X}$의 값을 $\overline{x}$라고 하자. 또 Z가 표준정규분포 $\mathrm{N}(0, 1)$을 따르는 확률변수일 때, $\mathrm{P}(|Z| \leq 1.96) = 0.95$, $\mathrm{P}(|Z| \leq 2.58) = 0.99$이다.

① 다음의 m에 대한 구간을 모평균 m에 대한 신뢰도 95 %의 신뢰구간이라고 한다.

$$\overline{x} - 1.96 \frac{\sigma}{\sqrt{n}} \leq m \leq \overline{x} + 1.96 \frac{\sigma}{\sqrt{n}}$$

② 다음의 m에 대한 구간을 모평균 m에 대한 신뢰도 99 %의 신뢰구간이라고 한다.

$$\overline{x} - 2.58 \frac{\sigma}{\sqrt{n}} \leq m \leq \overline{x} + 2.58 \frac{\sigma}{\sqrt{n}}$$

Plus

❶ 현실적으로 모표준편차 σ의 값을 알 수 없는 경우가 대부분이다. 이러한 경우 표본의 크기 n이 충분히 클 때 ($n \geq 30$)에는 모표준편차 σ대신 표본표준편차 s를 이용할 수 있다는 것이 알려져 있다.

❷ 모평균 m에 대한 신뢰도 95 %의 신뢰구간이라는 말은 크기가 n인 표본의 추출을 되풀이하여 신뢰구간을 구하는 일을 반복할 때, 구한 신뢰구간 중 약 95 %가 모평균 m을 포함할 것으로 기대된다는 뜻이다.

 5 모평균이 m, 모표준편차가 8인 정규분포를 따르는 모집단에서 크기가 16인 표본을 임의추출하여 구한 표본평균이 60이었다. 이를 이용하여 얻은 모평균 m에 대한 신뢰도 95 %의 신뢰구간을 구하시오.

(단, Z가 표준정규분포를 따르는 확률변수일 때, $\mathrm{P}(|Z| \leq 1.96) = 0.95$로 계산한다.)

풀이 크기가 16인 표본을 임의추출하여 구한 표본평균의 값이 60이므로

모평균 m에 대한 신뢰도 95 %의 신뢰구간은

$$60 - 1.96 \times \frac{8}{\sqrt{16}} \leq m \leq 60 + 1.96 \times \frac{8}{\sqrt{16}}$$

따라서 $56.08 \leq m \leq 63.92$ $\overline{x} = 60, \sigma = 8, n = 16$

답 $56.08 \leq m \leq 63.92$

○ 8857-0134

 7 모평균이 m, 모표준편차가 5인 정규분포를 따르는 모집단에서 크기가 100인 표본을 임의추출하여 구한 표본평균을 $\overline{x}$라 하자. 이 표본을 이용하여 얻은 모평균 m에 대한 신뢰도 99 %의 신뢰구간이 $\overline{x} - c \leq m \leq \overline{x} + c$일 때, c의 값을 구하시오.

(단, Z가 표준정규분포를 따르는 확률변수일 때, $\mathrm{P}(|Z| \leq 2.58) = 0.99$로 계산한다.)

○ 8857-0135

8 어느 공장에서 생산되는 생수 1병의 용량은 모평균이 m, 모표준편차가 12인 정규분포를 따른다고 한다. 이 공장에서 생산된 생수 중 256병을 임의추출하여 구한 생수 1병의 용량의 표본평균이 500이었다. 이 결과를 이용하여 구한 이 공장에서 생산되는 생수 1병의 용량의 모평균 m에 대한 신뢰도 95 %의 신뢰구간이 $a \leq m \leq b$일 때, $b - a$의 값을 구하시오. (단, 용량의 단위는 ml이고, Z가 표준정규분포를 따르는 확률변수일 때, $\mathrm{P}(|Z| \leq 1.96) = 0.95$로 계산한다.)

62   EBS 단기 특강_확률과 통계

| 표본평균 | ◯ 8857-0136

1 모집단의 확률변수 X의 확률분포가 오른쪽 표와 같다. 이 모집단에서 크기가 2인 표본을 임의추출하여 구한 표본평균 $\overline{X}$에 대하여 $P(|\overline{X}|=1)$의 값은?

X	-2	0	4	합계
$P(X=x)$	$\dfrac{1}{5}$	$\dfrac{3}{10}$	$\dfrac{1}{2}$	1

① $\dfrac{2}{25}$　　② $\dfrac{4}{25}$　　③ $\dfrac{6}{25}$　　④ $\dfrac{8}{25}$　　⑤ $\dfrac{2}{5}$

| 표본평균의 평균, 분산, 표준편차 | ◯ 8857-0137

2 숫자 1이 적힌 공이 3개, 숫자 2가 적힌 공이 2개, 숫자 3이 적힌 공이 1개가 들어 있는 주머니가 있다. 이 주머니에서 임의로 공 1개를 꺼내 공에 적힌 수를 확인한 후 다시 주머니에 넣는 시행을 5회 반복하여 꺼낸 공에 적힌 수의 평균을 $\overline{X}$라 할 때, $\sigma(\overline{X})$의 값은?

① $\dfrac{1}{5}$　　② $\dfrac{1}{4}$　　③ $\dfrac{1}{3}$　　④ $\dfrac{1}{2}$　　⑤ 1

| 표본평균의 확률분포 | ◯ 8857-0138

3 모평균이 32, 모표준편차가 4인 정규분포를 따르는 모집단에서 크기가 64인 표본을 임의추출하여 구한 표본평균 $\overline{X}$에 대하여 $P(\overline{X}\leq k)=0.8413$일 때, 상수 k의 값을 오른쪽 표준정규분포표를 이용하여 구한 것은?

z	$P(0\leq Z\leq z)$
0.5	0.1915
1.0	0.3413
1.5	0.4332
2.0	0.4772

① 32　　② 32.5　　③ 33
④ 33.5　　⑤ 34

| 표본평균의 확률분포 | ◯ 8857-0139

4 어느 공장에서 생산하는 축구공 1개의 무게는 평균이 420 g, 표준편차가 20 g인 정규분포를 따른다고 한다. 이 공장에서 생산된 축구공 중 임의추출한 16개의 축구공 무게의 평균이 410 g 이상 430 g 이하일 확률을 오른쪽 표준정규분포표를 이용하여 구한 것은?

z	$P(0\leq Z\leq z)$
0.5	0.1915
1.0	0.3413
1.5	0.4332
2.0	0.4772

① 0.7745　　② 0.8185　　③ 0.8664
④ 0.9104　　⑤ 0.9544

| 모평균의 추정 | ◯ 8857-0140

5 모평균이 m, 모표준편차가 10인 정규분포를 따르는 모집단에서 크기가 n인 표본을 임의추출하여 얻은 모평균 m에 대한 신뢰도 95 %의 신뢰구간이 $66.08\leq m\leq 73.92$이다. 자연수 n의 값을 구하시오.
(단, Z가 표준정규분포를 따르는 확률변수일 때, $P(|Z|\leq 1.96)=0.95$로 계산한다.)

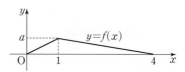

○ 8857-0141

1 1부터 5까지의 자연수가 각각 하나씩 적힌 5장의 카드 중 임의로 2장의 카드를 동시에 뽑아 나온 두 수의 차를 확률변수 X라 할 때, $P(X>2)$의 값은?

① $\dfrac{1}{10}$ ② $\dfrac{1}{5}$ ③ $\dfrac{3}{10}$

④ $\dfrac{2}{5}$ ⑤ $\dfrac{1}{2}$

○ 8857-0143

3 빨간 공이 3개, 노란 공이 2개, 파란 공이 1개 들어 있는 상자에서 임의로 1개의 공을 꺼내어 공의 색을 확인한 다음 다시 넣는 시행을 180회 반복할 때, 파란 공이 나온 횟수를 확률변수 X라 하자. $V(X)$의 값은?

① 21   ② 23   ③ 25

④ 27   ⑤ 29

○ 8857-0142

2 확률변수 X의 확률분포가 다음 표와 같을 때, $E(3X-1)$의 값은?

X	-1	0	1	2	합계
$P(X=x)$	$\dfrac{1}{6}$	$\dfrac{1}{3}$	a	$\dfrac{1}{3}$	1

① 1   ② $\dfrac{4}{3}$ ③ $\dfrac{5}{3}$

④ 2   ⑤ $\dfrac{7}{3}$

○ 8857-0144

4 연속확률변수 X가 갖는 값의 범위가 $0 \le X \le 4$이고, 확률변수 X의 확률밀도함수 $y=f(x)$의 그래프가 그림과 같을 때, $P(1 \le X \le 3)$의 값은?
(단, a는 $a>0$인 상수이다.)

① $\dfrac{1}{3}$ ② $\dfrac{5}{12}$ ③ $\dfrac{1}{2}$

④ $\dfrac{7}{12}$ ⑤ $\dfrac{2}{3}$

○ 8857-0145

5 정규분포 $N(60, 4^2)$을 따르는 확률변수 X에 대하여 $P(|X-60| \leq 2) = 0.3830$일 때, $P(X \geq 62)$의 값은?

① 0.0062   ② 0.0228   ③ 0.0668

④ 0.1587   ⑤ 0.3085

○ 8857-0147

7 모집단의 확률변수 X의 확률분포를 표로 나타내면 다음과 같다.

X	1	3	5	합계
$P(X=x)$	$2a$	$3a$	$2a$	1

이 모집단에서 크기가 4인 표본을 임의추출하여 구한 표본평균 $\overline{X}$에 대하여 $\sigma(\overline{X}) = \dfrac{q}{p}\sqrt{7}$이다. $p+q$의 값을 구하시오.
(단, a는 상수이고, p와 q는 서로소인 자연수이다.)

○ 8857-0146

6 확률변수 X가 이항분포 $B\left(192, \dfrac{1}{4}\right)$을 따를 때, $P(X \leq a) = 0.9772$를 만족시키는 상수 a의 값을 오른쪽 표준정규분포표를 이용하여 구한 것은?

z	$P(0 \leq Z \leq z)$
0.5	0.1915
1.0	0.3413
1.5	0.4332
2.0	0.4772

① 48   ② 52   ③ 56

④ 60   ⑤ 64

○ 8857-0148

8 모집단의 확률변수 X가 정규분포 $N(100, 6^2)$을 따를 때, 이 모집단에서 크기가 n인 표본을 임의추출하여 구한 표본평균을 $\overline{X}$라 하자. $V(4\overline{X}+1) = 9$일 때, 자연수 n의 값은?

① 36   ② 49   ③ 64

④ 81   ⑤ 100

9 정규분포 $\mathrm{N}(80,\,9^2)$을 따르는 모집단에서 크기가 n인 표본을 임의추출하여 구한 표본평균을 $\overline{X}$라 하자. $\mathrm{P}(77\leq\overline{X}\leq83)\leq0.9544$를 만족시키는 자연수 n의 최댓값을 오른쪽 표준정규분포표를 이용하여 구한 것은?

◐ 8857-0149

z	$\mathrm{P}(0\leq Z\leq z)$
0.5	0.1915
1.0	0.3413
1.5	0.4332
2.0	0.4772

① 33　　② 34　　③ 35

④ 36　　⑤ 37

◐ 8857-0150

10 어느 제과 회사에서 만든 과자 1개의 무게는 모평균이 m, 모표준편차가 0.3인 정규분포를 따른다고 한다. 이 제과 회사에서 만든 과자 중 n개를 임의추출하여 구한 과자 1개의 무게의 표본평균이 $\overline{x}$이었을 때, 이 제과 회사에서 만든 과자 1개의 무게의 모평균 m에 대한 신뢰도 95 %의 신뢰구간은 $15.853\leq m\leq16.147$이다. $\overline{x}+n$의 값을 구하시오.

(단, 무게의 단위는 g이고, Z가 표준정규분포를 따르는 확률변수일 때 $\mathrm{P}(0\leq Z\leq1.96)=0.4750$이다.)

서술형 문항

◐ 8857-0151

11 1, 3, 5, 7, 9의 숫자가 각각 하나씩 적혀 있는 5장의 카드 중에서 임의로 3장의 카드를 동시에 뽑을 때, 카드에 적힌 수의 최솟값을 확률변수 X라 하자. $\mathrm{V}(5\mathrm{X})$의 값을 구하시오.

◐ 8857-0152

12 확률변수 X가 정규분포 $\mathrm{N}(m,\,4)$를 따르고 확률변수 Y가 정규분포 $\mathrm{N}(2m,\,9)$를 따른다.

$$\mathrm{P}\left(X\leq\frac{1}{2}m-1\right)=\mathrm{P}(Y\geq3m)$$

일 때, m의 값을 구하시오.

기출문항 변형

수능 맛보기

어느 농장에서 재배하는 복숭아 1개의 무게는 평균이 350 g이고 표준편차가 12 g인 정규분포를 따른다고 한다. 이 농장에서 재배한 복숭아 중 임의추출한 4개의 복숭아의 무게의 표본평균이 344 g 이상일 확률을 오른쪽 표준정규분포표를 이용하여 구한 것은?

z	$P(0 \le Z \le z)$
1.0	0.3413
1.5	0.4332
2.0	0.4772
2.5	0.4938

① 0.7745 ② 0.8413 ③ 0.9332
④ 0.9772 ⑤ 0.9938

풀이

┌─ 확률변수 X를 정한다.

이 농장에서 재배하는 복숭아 1개의 무게를 확률변수 X라 하면 X는 정규분포 $N(350, 12^2)$을 따른다. ← 확률변수 X의 분포를 기호로 나타낸다.
이때 이 농장에서 재배한 복숭아 중 임의추출한 4개의 복숭아의 무게의 표본평균을 확률변수 $\overline{X}$라 하면

$E(\overline{X}) = 350$, $\sigma(\overline{X}) = \dfrac{12}{\sqrt{4}} = 6$

$\left\{ \begin{array}{l} E(\overline{X}) = E(X) = m, \\ \sigma(\overline{X}) = \dfrac{\sigma(X)}{\sqrt{n}} = \dfrac{\sigma}{\sqrt{n}} \end{array} \right.$

이므로 확률변수 $\overline{X}$는 정규분포 $N(350, 6^2)$을 따르고,
$Z = \dfrac{\overline{X} - 350}{6}$으로 놓으면 확률변수 Z는 표준정규분포 $N(0, 1)$을 따른다. ← 확률을 구하기 위하여 확률변수 $\overline{X}$를 표준화한다.
따라서 구하는 확률은

$P(\overline{X} \ge 344) = P\left(\dfrac{\overline{X} - 350}{6} \ge \dfrac{344 - 350}{6} \right)$

$= P(Z \ge -1)$

$= P(-1 \le Z \le 0) + P(Z \ge 0)$

$= P(0 \le Z \le 1) + P(Z \ge 0)$

$= 0.3413 + 0.5$ ← 표준정규분포곡선이 직선 $z = 0$에 대하여 대칭이므로 $P(-1 \le Z \le 0) = P(0 \le Z \le 1)$

$= 0.8413$

답 ②

8857-0153

1 어느 고등학교 학생들이 하루 동안 모바일 인터넷을 이용한 시간은 평균이 100분, 표준편차가 20분인 정규분포를 따른다고 한다. 이 고등학교 학생들 중 16명을 임의추출하였을 때, 이들 16명의 하루 동안 모바일 인터넷을 이용한 시간의 평균이 95분 이상 110분 이하일 확률을 오른쪽 표준정규분포표를 이용하여 구한 것은?

z	$P(0 \le Z \le z)$
0.5	0.1915
1.0	0.3413
1.5	0.4332
2.0	0.4772

① 0.6687 ② 0.6826 ③ 0.7745
④ 0.8185 ⑤ 0.8664

8857-0154

2 어느 공장에서 생산하는 초콜릿 바 1개의 무게는 평균이 m g이고 표준편차가 2 g인 정규분포를 따른다고 한다. 이 공장에서 생산한 초콜릿 바 중 16개를 임의추출하여 1상자를 만들 때, 이 1상자의 무게가 176 g 이하일 확률이 0.8413이다. m의 값을 오른쪽 표준정규분포표를 이용하여 구한 것은? (단, 상자의 무게는 고려하지 않는다.)

z	$P(0 \le Z \le z)$
0.5	0.1915
1.0	0.3413
1.5	0.4332
2.0	0.4772

① 10 ② 10.5 ③ 11
④ 11.5 ⑤ 12

표준정규분포표

z	0.00	0.01	0.02	0.03	0.04	0.05	0.06	0.07	0.08	0.09
0.0	.0000	.0040	.0080	.0120	.0160	.0199	.0239	.0279	.0319	.0359
0.1	.0398	.0438	.0478	.0517	.0557	.0596	.0636	.0675	.0714	.0753
0.2	.0793	.0832	.0871	.0910	.0948	.0987	.1026	.1064	.1103	.1141
0.3	.1179	.1217	.1255	.1293	.1331	.1368	.1406	.1443	.1480	.1517
0.4	.1554	.1591	.1628	.1664	.1700	.1736	.1772	.1808	.1844	.1879
0.5	.1915	.1950	.1985	.2019	.2054	.2088	.2123	.2157	.2190	.2224
0.6	.2257	.2291	.2324	.2357	.2389	.2422	.2454	.2486	.2517	.2549
0.7	.2580	.2611	.2642	.2673	.2704	.2734	.2764	.2794	.2823	.2852
0.8	.2881	.2910	.2939	.2967	.2995	.3023	.3051	.3078	.3106	.3133
0.9	.3159	.3186	.3212	.3238	.3264	.3289	.3315	.3340	.3365	.3389
1.0	.3413	.3438	.3461	.3485	.3508	.3531	.3554	.3577	.3599	.3621
1.1	.3643	.3665	.3686	.3708	.3729	.3749	.3770	.3790	.3810	.3830
1.2	.3849	.3869	.3888	.3907	.3925	.3944	.3962	.3980	.3997	.4015
1.3	.4032	.4049	.4066	.4082	.4099	.4115	.4131	.4147	.4162	.4177
1.4	.4192	.4207	.4222	.4236	.4251	.4265	.4279	.4292	.4306	.4319
1.5	.4332	.4345	.4357	.4370	.4382	.4394	.4406	.4418	.4429	.4441
1.6	.4452	.4463	.4474	.4484	.4495	.4505	.4515	.4525	.4535	.4545
1.7	.4554	.4564	.4573	.4582	.4591	.4599	.4608	.4616	.4625	.4633
1.8	.4641	.4649	.4656	.4664	.4671	.4678	.4686	.4693	.4699	.4706
1.9	.4713	.4719	.4726	.4732	.4738	.4744	.4750	.4756	.4761	.4767
2.0	.4772	.4778	.4783	.4788	.4793	.4798	.4803	.4808	.4812	.4817
2.1	.4821	.4826	.4830	.4834	.4838	.4842	.4846	.4850	.4854	.4857
2.2	.4861	.4864	.4868	.4871	.4875	.4878	.4881	.4884	.4887	.4890
2.3	.4893	.4896	.4898	.4901	.4904	.4906	.4909	.4911	.4913	.4916
2.4	.4918	.4920	.4922	.4925	.4927	.4929	.4931	.4932	.4934	.4936
2.5	.4938	.4940	.4941	.4943	.4945	.4946	.4948	.4949	.4951	.4952
2.6	.4953	.4955	.4956	.4957	.4959	.4960	.4961	.4962	.4963	.4964
2.7	.4965	.4966	.4967	.4968	.4969	.4970	.4971	.4972	.4973	.4974
2.8	.4974	.4975	.4976	.4977	.4977	.4978	.4979	.4979	.4980	.4981
2.9	.4981	.4982	.4982	.4983	.4984	.4984	.4985	.4985	.4986	.4986
3.0	.4987	.4987	.4987	.4988	.4988	.4989	.4989	.4989	.4990	.4990
3.1	.4990	.4991	.4991	.4991	.4992	.4992	.4992	.4992	.4993	.4993
3.2	.4993	.4993	.4994	.4994	.4994	.4994	.4994	.4995	.4995	.4995
3.3	.4995	.4995	.4995	.4996	.4996	.4996	.4996	.4996	.4996	.4997
3.4	.4997	.4997	.4997	.4997	.4997	.4997	.4997	.4997	.4997	.4998

memo

memo

memo

memo

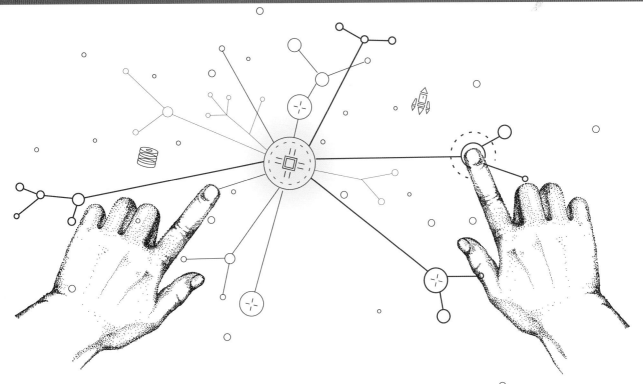

한국사, 사회, 과학의 최강자가 탄생했다!
「개념완성, 개념완성 문항편」

완벽한 이해를 위한 **꼼꼼하고 체계적인** 내용 정리

내신 대비 최적화된 교과서 핵심 분석

내신/수능 적중률을 높이기 위한 최신 시험 경향 분석

개념완성

한국사영역
필수 한국사 / 자료와 연표로 흐름을 읽는 한국사

사회탐구영역
통합사회 / 생활과 윤리 / 윤리와 사상 /
한국지리 / 세계지리 / 사회·문화 /
정치와 법 / 동아시아사

과학탐구영역
통합과학 / 물리학 I / 화학 I /
생명과학 I / 지구과학 I / 물리학 II /
화학 II / 생명과학 II / 지구과학 II

개념완성 문항편

사회탐구영역
통합사회

과학탐구영역
통합과학 / 물리학 I / 화학 I /
생명과학 I / 지구과학 I

올림포스

[국어, 영어, 수학의 EBS 대표 교재, 올림포스]

2015 개정 교육과정에 따른 모든 교과서의 기본 개념 정리
내신과 수능을 대비하는 다양한 평가 문항
수행평가 대비 코너 제공

국어, 영어, 수학은 EBS 올림포스로 끝낸다.

[올림포스 16책]

국어 영역 : 국어, 현대문학, 고전문학, 독서, 언어와 매체, 화법과 작문
영어 영역 : 독해의 기본1, 독해의 기본2, 구문 연습 300
수학 영역 : 수학(상), 수학(하), 수학Ⅰ, 수학Ⅱ, 미적분, 확률과 통계, 기하

EBS

정답과 풀이

단기간에 내신을 끝내는 유형별 문항 연습

ON

단숨에 켠다.

단기 특강 확률과 통계

예비 고등학생을 위한 기본 수학 개념서

50일 수학 상 하

50일 수학 상 하 |2책|

- 중학 수학과 고교 1학년 **수학 총정리**

- 수학의 **영역별 핵심 개념을 완벽 정리**

- 주제별 개념 정리로 **모르는 개념과 공식만 집중 연습**

"고등학교 수학, 더 이상의 걱정은 없다!"

EBS 단기 특강 **확률과 통계**

정답과 풀이

I. 경우의 수

01 중복순열과 중복조합

본문 4~10쪽

1 여학생 3명을 한 사람으로 생각하면 5명의 학생이 원형의 탁자에 둘러앉는 방법의 수는

$(5-1)!=4!=24$

여학생끼리 자리를 바꾸는 방법의 수는

$3!=6$

따라서 구하는 방법의 수는

$24 \times 6 = 144$

답 144

2 각 쌍의 부부를 한 사람으로 생각하면 4명이 원탁에 앉는 경우의 수는

$(4-1)!=3!=6$

각 쌍의 부부가 자리를 바꾸는 경우의 수는 각각

$2!=2$

따라서 구하는 경우의 수는

$6 \times 2 \times 2 \times 2 \times 2 = 96$

답 ②

3 백의 자리에는 0이 올 수 없으므로 백의 자리에 올 수 있는 숫자는 1, 2, 3, 4, 5의 5가지

십의 자리, 일의 자리에는 0, 1, 2, 3, 4, 5의 6개의 숫자 중에서 중복을 허용하여 2개를 뽑아 나열하면 되므로

$_6\Pi_2 = 6^2 = 36$

따라서 구하는 개수는

$5 \times 36 = 180$

답 ④

[다른 풀이]

구하는 개수는

(전체 경우의 수)−(백의 자리가 0인 경우의 수)이므로

0, 1, 2, 3, 4, 5의 6개의 숫자 중에서 중복을 허용하여 3개를 뽑아 일렬로 나열하는 경우의 수는

$_6\Pi_3 = 6^3 = 216$

0, 1, 2, 3, 4, 5의 6개의 숫자 중에서 중복을 허용하여 2개를 뽑아 일렬로 나열하는 경우의 수는

$_6\Pi_2 = 6^2 = 36$

따라서 구하는 개수는

$_6\Pi_3 - _6\Pi_2 = 6^3 - 6^2 = 216 - 36 = 180$

4 각각의 학생마다 세 과목 중에서 한 과목을 선택할 수 있으므로 서로 다른 3개에서 중복을 허용하여 4개를 택하는 중복순열의 수와 같다.

따라서 구하는 경우의 수는

$_3\Pi_4 = 3^4 = 81$

답 ③

5 p가 2개, 나머지 세 문자 h, a, y는 각각 1개이므로 구하는 경우의 수는

$\dfrac{5!}{2!} = 60$

답 ①

6 순서가 정해진 문자를 모두 x로 바꾸면 x, b, x, d, x, f가 된다.

따라서 x, x, x, b, d, f를 일렬로 나열하는 경우의 수는

$\dfrac{6!}{3!} = \dfrac{720}{6} = 120$

답 120

7

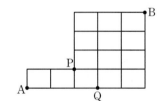

그림과 같이 두 지점 P, Q를 잡으면 A 지점에서 B 지점까지 최단 경로로 갈 때, 반드시 P 지점 또는 Q 지점을 지나야 한다.

(i) A → P → B로 가는 최단 경로의 수

$\dfrac{3!}{2!} \times \dfrac{6!}{3!3!} = 3 \times 20 = 60$

(ii) A → Q → B로 가는 최단 경로의 수

$1 \times \dfrac{6!}{2!4!} = 1 \times 15 = 15$

따라서 구하는 최단 경로의 수는

$60 + 15 = 75$

답 75

8 8개의 사탕을 포장지에 넣을 때 빈 포장지가 없어야 하므로 각 포장지에 사탕을 1개씩 먼저 넣고 남은 5개의 사탕을 3개의 포장지에 넣으면 된다.

즉, 구하는 경우의 수는 서로 다른 3개의 포장지에서 중복을 허용하여 같은 종류의 사탕 5개를 택하는 중복조합의 수와 같다.

따라서 구하는 경우의 수는

$_3H_5 = {}_{3+5-1}C_5 = {}_7C_5 = {}_7C_2 = \dfrac{7 \times 6}{2 \times 1} = 21$

답 ⑤

9 빨간 공 4개를 4명의 학생들에게 나누어 주는 경우의 수는 서로 다른 4개에서 4개를 택하는 중복조합의 수와 같으므로

$_4H_4 = {}_{4+4-1}C_4 = {}_7C_4 = {}_7C_3 = \dfrac{7 \times 6 \times 5}{3 \times 2 \times 1} = 35$

또 파란 공 3개를 4명의 학생들에게 나누어 주는 경우의 수도 서로 다른 4개에서 3개를 택하는 중복조합의 수와 같으므로

$_4H_3 = {}_{4+3-1}C_3 = {}_6C_3 = \dfrac{6 \times 5 \times 4}{3 \times 2 \times 1} = 20$

따라서 구하는 경우의 수는 곱의 법칙에 의하여

$35 \times 20 = 700$

답 700

10 x, y, z가 $x \geq 1$, $y \geq 2$, $z \geq 3$인 정수이므로

$x = a+1$, $y = b+2$, $z = c+3$으로 놓으면

$a \geq 0$, $b \geq 0$, $c \geq 0$이 된다.

$x+y+z=13$에서 $(a+1)+(b+2)+(c+3)=13$

즉, $a+b+c=7$

따라서 구하는 모든 순서쌍의 개수는 방정식 $a+b+c=7$의 음이 아닌 정수 a, b, c의 모든 순서쌍 (a, b, c)의 개수와 같으므로

$_3H_7 = {}_{3+7-1}C_7 = {}_9C_7 = {}_9C_2 = \dfrac{9 \times 8}{2 \times 1} = 36$

답 ③

11 3명의 학생에게 나누어 주는 볼펜의 개수를 각각 x, y, z라 하면 각 학생에게 적어도 1개씩 나누어 주는 경우의 수는 방정식 $x+y+z=9$ (단, x, y, z는 자연수)의 모든 순서쌍 (x, y, z)의 개수와 같다.

$x=a+1$, $y=b+1$, $z=c+1$ $(a \geq 0, b \geq 0, c \geq 0)$으로 놓으면 $x+y+z=9$에서

$a+b+c=6$ $(a \geq 0, b \geq 0, c \geq 0)$

즉, 방정식 $a+b+c=6$의 음이 아닌 정수 a, b, c의 모든 순서쌍 (a, b, c)의 개수와 같다.

따라서 구하는 경우의 수는

$_3H_6 = {}_{3+6-1}C_6 = {}_8C_6 = {}_8C_2 = \dfrac{8 \times 7}{2 \times 1} = 28$

답 28

12 $(x+y-z)^n$을 전개할 때 생기는 서로 다른 항은 $kx^p y^q z^r$ (단, p, q, r는 음이 아닌 정수, k는 상수)의 꼴로 방정식 $p+q+r=n$의 음이 아닌 정수해의 개수와 같다.

따라서 서로 다른 항의 개수는

$_3H_n = {}_{3+n-1}C_n = {}_{2+n}C_n = {}_{2+n}C_2 = \dfrac{(n+2)(n+1)}{2 \times 1} = 28$

$(n+2)(n+1)=56$, $n^2+3n-54=0$

$(n-6)(n+9)=0$

n은 자연수이므로 $n=6$

답 6

13 $(a+b+c)^5$을 전개할 때 생기는 서로 다른 항의 개수는

$_3H_5 = {}_{3+5-1}C_5 = {}_7C_5 = {}_7C_2 = \dfrac{7 \times 6}{2 \times 1} = 21$

따라서 $(x+y)(a+b+c)^5$을 전개할 때 생기는 서로 다른 항의 개수는 곱의 법칙에 의하여

$2 \times 21 = 42$

답 42

기본 핵심 문제			본문 11쪽
1 ①	2 ⑤	3 ②	4 ③
5 72			

1

A, B를 제외한 C, D, E, F 4명이 원형의 탁자에 둘러앉는 방법의 수는

$(4-1)! = 3! = 6$

C, D, E, F 사이사이의 4개의 자리에 A, B가 앉는 방법의 수는

$_4P_2 = 4 \times 3 = 12$

따라서 구하는 경우의 수는

$6 \times 12 = 72$

답 ①

2

네 자리 자연수 중에서 3000보다 작은 자연수는 천의 자리의 숫자가 1 또는 2이어야 한다.

이 각각에 대하여 백의 자리, 십의 자리, 일의 자리에 1, 2, 3, 4, 5 중에서 중복을 허용하여 3개를 택하여 나열하는 경우의 수는

$_5\Pi_3 = 5^3 = 125$

따라서 구하는 경우의 수는

$2 \times 125 = 250$

답 ⑤

3

양 끝에 c를 놓는 방법은 1가지

남은 문자 a, a, b, b, b, c를 나열하는 방법의 수는

$$\frac{6!}{2!\,3!}=60$$

따라서 구하는 경우의 수는

$$1\times60=60$$

답 ②

4

서로 다른 3개에서 8개를 택하는 중복조합의 수와 같으므로 구하는 경우의 수는

$${}_3H_8={}_{3+8-1}C_8={}_{10}C_8={}_{10}C_2=\frac{10\times9}{2\times1}=45$$

답 ③

[다른 풀이]

세 후보가 유권자로부터 받는 표의 개수를 각각 x, y, z라 하면 무기명으로 투표하는 경우의 수는 방정식

$x+y+z=8$ (단, x, y, z는 음이 아닌 정수)

의 모든 순서쌍 $(x,\,y,\,z)$의 개수와 같다.

따라서 구하는 경우의 수는

$${}_3H_8={}_{3+8-1}C_8={}_{10}C_8={}_{10}C_2=\frac{10\times9}{2\times1}=45$$

5

(ⅰ) $w=0$일 때 $x+y+z=8$이므로

순서쌍 $(x,\,y,\,z)$의 개수는

$${}_3H_8={}_{3+8-1}C_8={}_{10}C_8={}_{10}C_2=\frac{10\times9}{2\times1}=45$$

(ⅱ) $w=1$일 때 $x+y+z=5$이므로

순서쌍 $(x,\,y,\,z)$의 개수는

$${}_3H_5={}_{3+5-1}C_5={}_7C_5={}_7C_2=\frac{7\times6}{2\times1}=21$$

(ⅲ) $w=2$일 때 $x+y+z=2$이므로

순서쌍 $(x,\,y,\,z)$의 개수는

$${}_3H_2={}_{3+2-1}C_2={}_4C_2=\frac{4\times3}{2\times1}=6$$

(ⅰ)~(ⅲ)에서 구하는 모든 순서쌍의 개수는

$$45+21+6=72$$

답 72

02 이항정리

본문 12~16쪽

1 $(2x+3y)^6$의 전개식의 일반항은

$${}_6C_r(2x)^{6-r}(3y)^r={}_6C_r2^{6-r}3^r x^{6-r}y^r$$

$$(\text{단, }r=0,\,1,\,2,\,\cdots,\,6,\,(2x)^0=(3y)^0=1)$$

x^2y^4항은 $6-r=2$일 때이므로 $r=4$

따라서 x^2y^4의 계수는

$${}_6C_4\times2^2\times3^4=15\times4\times81=4860$$

답 ②

2 $(x^2-x)^7$의 전개식의 일반항은

$${}_7C_r(x^2)^{7-r}(-x)^r={}_7C_r(-1)^r x^{14-2r}x^r$$

$$={}_7C_r(-1)^r x^{14-r}$$

$$(\text{단, }r=0,\,1,\,2,\,\cdots,\,7,\,(x^2)^0=(-x)^0=1)$$

x^{10}항은 $14-r=10$일 때이므로 $r=4$

따라서 x^{10}의 계수는

$${}_7C_4\times(-1)^4={}_7C_3=\frac{7\times6\times5}{3\times2\times1}=35$$

답 35

3 $(x^2+2)(x-1)^7$의 전개식의 x^5의 계수는 (x^2+2)에서 x^2의 계수와 $(x-1)^7$의 전개식에서 x^3의 계수를 곱한 것과 (x^2+2)에서 상수 2와 $(x-1)^7$의 전개식에서 x^5의 계수를 곱한 것의 합이다.

$(x-1)^7$의 전개식의 일반항은

$${}_7C_r x^{7-r}(-1)^r={}_7C_r(-1)^r x^{7-r}$$

$$(\text{단, }r=0,\,1,\,2,\,\cdots,\,7,\,x^0=(-1)^0=1)$$

(ⅰ) x^3항은 $7-r=3$일 때이므로 $r=4$

따라서 x^3의 계수는 ${}_7C_4(-1)^4={}_7C_3=\frac{7\times6\times5}{3\times2\times1}=35$

(ⅱ) x^5항은 $7-r=5$일 때이므로 $r=2$

따라서 x^5의 계수는 ${}_7C_2(-1)^2=\frac{7\times6}{2\times1}=21$

(ⅰ), (ⅱ)에서 구하는 계수는

$$1\times35+2\times21=77$$

답 ③

4 $(x+1)^4$의 전개식의 일반항은

$${}_4C_r x^{4-r}1^r={}_4C_r x^{4-r}\ (\text{단, }r=0,\,1,\,2,\,3,\,4,\,x^0=1^0=1)$$

$(x-2)^5$의 전개식의 일반항은

$${}_5C_s x^{5-s}(-2)^s={}_5C_s(-2)^s x^{5-s}$$

$$(\text{단, }s=0,\,1,\,2,\,\cdots,\,5,\,x^0=(-2)^0=1)$$

따라서 $(x+1)^4(x-2)^5$의 전개식의 일반항은

$_4C_r x^{4-r} \times _5C_s(-2)^s x^{5-s} = _4C_r \times _5C_s(-2)^s x^{9-r-s}$

x^8항은 $9-r-s=8$, $r+s=1$일 때이므로

$r=0$, $s=1$ 또는 $r=1$, $s=0$

(i) $r=0$, $s=1$일 때 x^8의 계수는

  $_4C_0 \times _5C_1 \times (-2) = -10$

(ii) $r=1$, $s=0$일 때 x^8의 계수는

  $_4C_1 \times _5C_0 = 4$

(i), (ii)에서 x^8의 계수는

$-10+4=-6$

답 -6

5 파스칼의 삼각형에 의하여 $_nC_r = _{n-1}C_{r-1} + _{n-1}C_r$이므로

$_2C_0 + _3C_1 + _4C_2 + _5C_3 = (_3C_0 + _3C_1) + _4C_2 + _5C_3$

$= (_4C_1 + _4C_2) + _5C_3$

$= _5C_2 + _5C_3$

$= _6C_3$

$= \dfrac{6 \times 5 \times 4}{3 \times 2 \times 1} = 20$

답 20

6 파스칼의 삼각형에 의하여 $_nC_r = _{n-1}C_{r-1} + _{n-1}C_r$이므로

$_2C_2 + _3C_2 + _4C_2 + _5C_2 + _6C_2 + _7C_2$

$= (_3C_3 + _3C_2) + _4C_2 + _5C_2 + _6C_2 + _7C_2$

$= (_4C_3 + _4C_2) + _5C_2 + _6C_2 + _7C_2$

$= (_5C_3 + _5C_2) + _6C_2 + _7C_2$

$= (_6C_3 + _6C_2) + _7C_2$

$= _7C_3 + _7C_2$

$= _8C_3$

$= \dfrac{8 \times 7 \times 6}{3 \times 2 \times 1} = 56$

답 56

7 이항계수의 성질을 이용하면

$_8C_1 + _8C_2 + _8C_3 + \cdots + _8C_7$

$= (_8C_0 + _8C_1 + _8C_2 + \cdots + _8C_7 + _8C_8) - (_8C_0 + _8C_8)$

$= 2^8 - 2$

$= 256 - 2 = 254$

답 254

8 $_9C_1 - _8C_2 + _9C_3 - _8C_4 + _9C_5 - _8C_6 + _9C_7 - _8C_8$

$= (_9C_1 + _9C_3 + _9C_5 + _9C_7) - (_8C_2 + _8C_4 + _8C_6 + _8C_8)$

$_9C_9 = _8C_0$이므로

$(_9C_1 + _9C_3 + _9C_5 + _9C_7) - (_8C_2 + _8C_4 + _8C_6 + _8C_8) + (_9C_9 - _8C_0)$

$= (_9C_1 + _9C_3 + \cdots + _9C_9) - (_8C_0 + _8C_2 + \cdots + _8C_8)$

$= 2^{9-1} - 2^{8-1} = 2^8 - 2^7$

$= 256 - 128 = 128$

답 128

9 이항계수의 성질에 의하여

$_{13}C_0 + _{13}C_1 + _{13}C_2 + \cdots + _{13}C_{13} = 2^{13}$

$_{13}C_0 = _{13}C_{13}$, $_{13}C_1 = _{13}C_{12}$, $_{13}C_2 = _{13}C_{11}$, $\cdots$, $_{13}C_6 = _{13}C_7$

이므로

$_{13}C_0 + _{13}C_1 + _{13}C_2 + \cdots + _{13}C_6$

$= _{13}C_7 + _{13}C_8 + _{13}C_9 + \cdots + _{13}C_{13} = 2^{12}$

따라서

$_{13}C_1 + _{13}C_2 + _{13}C_3 + \cdots + _{13}C_6$

$= (_{13}C_0 + _{13}C_1 + _{13}C_2 + _{13}C_3 + \cdots + _{13}C_6) - _{13}C_0$

$= 2^{12} - 1$

답 ③

10 이항계수의 성질에 의하여

$_{2n+1}C_0 + _{2n+1}C_1 + _{2n+1}C_2 + \cdots + _{2n+1}C_n = 2^{(2n+1)-1} = 2^{2n}$

$2n=10$일 때, $2^{10} = 1024$

$2n=12$일 때, $2^{12} = 4096$

따라서 $1000 < 2^{2n} < 2000$을 만족시키는 자연수 n의 값은 5 이다.

답 5

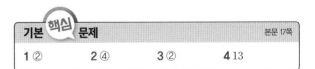

기본 핵심 문제			본문 17쪽
1 ②	**2** ④	**3** ②	**4** 13

1

$(ax+2)^5$의 전개식의 일반항이

$_5C_r(ax)^{5-r}2^r = _5C_r a^{5-r} 2^r x^{5-r}$

  (단, $r=0, 1, 2, \cdots, 5$, $(ax)^0 = 2^0 = 1$)

x^3항은 $5-r=3$, 즉 $r=2$일 때이므로

x^3의 계수는 $_5C_2 \times a^3 \times 2^2 = 40a^3$

$40a^3 = 5$에서 $a^3 = \dfrac{1}{8}$

a는 실수이므로 $a = \dfrac{1}{2}$

답 ②

2

파스칼의 삼각형에서

$_nC_r = _{n-1}C_{r-1} + _{n-1}C_r$이 성립하므로

$_3C_3+_4C_3+_5C_3+\cdots+_{10}C_3$

$=(_4C_4+_4C_3)+_5C_3+\cdots+_{10}C_3$

$=(_5C_4+_5C_3)+_6C_3+\cdots+_{10}C_3$

$=(_6C_4+_6C_3)+\cdots+_{10}C_3$

$\vdots$

$=_{10}C_4+_{10}C_3$

$=_{11}C_4$

$=\dfrac{11\times10\times9\times8}{4\times3\times2\times1}$

$=330$

답 ④

3

이항계수의 성질에 의하여

$_7C_0+_7C_2+_7C_4+_7C_6=2^{7-1}=2^6$,

$_{2n}C_0+_{2n}C_2+_{2n}C_4+\cdots+_{2n}C_{2n}=2^{2n-1}$이므로

$(_7C_0+_7C_2+_7C_4+_7C_6)(_{2n}C_0+_{2n}C_2+_{2n}C_4+\cdots+_{2n}C_{2n})$

$=2^6\times2^{2n-1}=2^{2n+5}=2^{21}$

$2n+5=21$이므로

$n=8$

답 ②

4

$\dfrac{2^{10}{}_{10}C_0-2^9{}_{10}C_1+2^8{}_{10}C_2-\cdots+{}_{10}C_{10}}{2^{11}}$

$=\dfrac{1}{2}\left\{{}_{10}C_0-{}_{10}C_1\left(\dfrac{1}{2}\right)+{}_{10}C_2\left(\dfrac{1}{2}\right)^2-\cdots+{}_{10}C_{10}\left(\dfrac{1}{2}\right)^{10}\right\}$

이항정리에 의하여

$(1+x)^{10}={}_{10}C_0+{}_{10}C_1x+{}_{10}C_2x^2+\cdots+{}_{10}C_{10}x^{10}$

위 식의 양변에 각각 $x=-\dfrac{1}{2}$을 대입하면

$\left(1-\dfrac{1}{2}\right)^{10}={}_{10}C_0+{}_{10}C_1\left(-\dfrac{1}{2}\right)+{}_{10}C_2\left(-\dfrac{1}{2}\right)^2$

$\qquad\qquad\qquad+\cdots+{}_{10}C_{10}\left(-\dfrac{1}{2}\right)^{10}$

따라서

$\dfrac{1}{2}\left\{{}_{10}C_0-{}_{10}C_1\left(\dfrac{1}{2}\right)+{}_{10}C_2\left(\dfrac{1}{2}\right)^2-\cdots+{}_{10}C_{10}\left(\dfrac{1}{2}\right)^{10}\right\}$

$=\dfrac{1}{2}\times\left(\dfrac{1}{2}\right)^{10}$

$=\left(\dfrac{1}{2}\right)^{11}$

이므로

$p+q=2+11=13$

답 13

단원 종합 문제

본문 18~20쪽

1 ④	2 ③	3 ⑤	4 ①
5 ②	6 ①	7 ⑤	8 ①
9 ③	10 239	11 75	12 11

1

A, B가 마주 보고 앉는 경우의 수는 1

나머지 4개의 자리에 C, D, E, F를 앉히는 경우의 수는 4명을 일렬로 배열하는 경우의 수와 같으므로

$a=1\times4!=24$

A, B를 한 사람으로 생각하여 5명을 원형의 탁자에 앉히는 경우의 수는

$(5-1)!=4!=24$

그 각각의 경우에 대하여 A, B가 서로 자리를 바꾸는 경우의 수는 $2!=2$

즉, $b=24\times2=48$

따라서 $a+b=24+48=72$

답 ④

2

8가지의 색 중에서 4가지의 색을 선택하는 경우의 수는

$_8C_4$

이 4가지의 색을 작은 원의 4개의 영역에 칠하는 경우의 수는

$(4-1)!=3!$

남은 4가지의 색을 남은 4개의 영역에 칠하는 경우의 수는 $4!$

따라서 구하는 경우의 수는

$_8C_4\times3!\times4!=\dfrac{8\times7\times6\times5}{4\times3\times2\times1}\times3!\times4!=\dfrac{8!}{4}$

답 ③

3

$f(1)\neq a$이므로 $f(1)$이 될 수 있는 값은 b, c, d, e 중 한 가지이다.

$f(2)\neq b$이므로 $f(2)$가 될 수 있는 값은 a, c, d, e 중 한 가지이다.

또 $f(3)$, $f(4)$의 값이 될 수 있는 경우의 수는 a, b, c, d, e 중에서 중복을 허용하여 2개를 선택하여 일렬로 나열하는 경우의 수와 같다.

따라서 구하는 함수의 개수는

$4\times4\times{}_5\Pi_2=16\times5^2=400$

답 ⑤

4

6개의 숫자 1, 1, 1, 2, 2, 3 중에서 4개의 숫자를 택하는 방법은

1, 1, 1, 2 또는 1, 1, 1, 3 또는 1, 1, 2, 2 또는 1, 1, 2, 3 또는 1, 2, 2, 3의 5가지이다.

(i) 1, 1, 1, 2를 나열하는 경우의 수는 $\dfrac{4!}{3!}=4$

(ii) 1, 1, 1, 3을 나열하는 경우의 수는 $\dfrac{4!}{3!}=4$

(iii) 1, 1, 2, 2를 나열하는 경우의 수는 $\dfrac{4!}{2!2!}=6$

(iv) 1, 1, 2, 3을 나열하는 경우의 수는 $\dfrac{4!}{2!}=12$

(v) 1, 2, 2, 3을 나열하는 경우의 수는 $\dfrac{4!}{2!}=12$

(i)~(v)에서 구하는 네 자리 자연수의 개수는

$4+4+6+12+12=38$

답 ①

5

같은 종류의 연필 5자루를 3명의 학생에게 나누어 주는 경우의 수는 서로 다른 3개에서 5개를 택하는 중복조합의 수와 같으므로

${}_3H_5={}_{3+5-1}C_5={}_7C_5={}_7C_2=\dfrac{7\times 6}{2\times 1}=21$

또 다른 종류의 볼펜 4자루를 3명의 학생에게 남김없이 나누어 주는 경우의 수는 3개에서 중복을 허용하여 4개를 뽑는 중복순열의 수와 같으므로

${}_3\Pi_4=3^4=81$

따라서 구하는 경우의 수는

$21\times 81=1701$

답 ②

6

A 지점을 출발하여 B 지점까지 최단거리로 갈 때, P 지점은 지나고 Q 지점은 지나지 않는 경우의 수는 A → P → B로 가는 경로의 수에서 A → P → Q → B로 가는 경로의 수를 뺀 것과 같다.

(i) A → P → B로 가는 경로의 수

$\dfrac{4!}{2!2!}\times\dfrac{6!}{3!3!}=6\times 20=120$

(ii) A → P → Q → B로 가는 경로의 수

$\dfrac{4!}{2!2!}\times\dfrac{3!}{2!}\times\dfrac{3!}{2!}=6\times 3\times 3=54$

따라서 구하는 경우의 수는

$120-54=66$

답 ①

7

$x=2a+1,\ y=2b+1,\ z=2c+1\ (a\geq 0,\ b\geq 0,\ c\geq 0$인 정수)

라 하면 구하는 모든 순서쌍의 개수는

$(2a+1)+(2b+1)+(2c+1)\leq 11$

$a+b+c\leq 4\ (a\geq 0,\ b\geq 0,\ c\geq 0)$

를 만족시키는 모든 순서쌍 $(a,\ b,\ c)$의 개수와 같다.

(i) $a+b+c=0$일 때 정수해의 개수는

$\quad {}_3H_0={}_{3+0-1}C_0={}_2C_0=1$

(ii) $a+b+c=1$일 때 정수해의 개수는

$\quad {}_3H_1={}_{3+1-1}C_1={}_3C_1=3$

(iii) $a+b+c=2$일 때 정수해의 개수는

$\quad {}_3H_2={}_{3+2-1}C_2={}_4C_2=6$

(iv) $a+b+c=3$일 때 정수해의 개수는

$\quad {}_3H_3={}_{3+3-1}C_3={}_5C_3={}_5C_2=10$

(v) $a+b+c=4$일 때 정수해의 개수는

$\quad {}_3H_4={}_{3+4-1}C_4={}_6C_4={}_6C_2=15$

(i)~(v)에서 구하는 모든 순서쌍의 개수는

$1+3+6+10+15=35$

답 ⑤

[다른 풀이]

부등식 $a+b+c\leq 4\ (a\geq 0,\ b\geq 0,\ c\geq 0$인 정수)를 만족시키는 모든 순서쌍 $(a,\ b,\ c)$의 개수는

방정식 $a+b+c+d=4\ (a\geq 0,\ b\geq 0,\ c\geq 0,\ d\geq 0$인 정수)

를 만족시키는 모든 순서쌍 $(a,\ b,\ c,\ d)$의 개수와 같으므로

${}_4H_4={}_{4+4-1}C_4={}_7C_4={}_7C_3=\dfrac{7\times 6\times 5}{3\times 2\times 1}=35$

8

$(x+a)^{10}$의 전개식의 일반항이

${}_{10}C_r x^{10-r}a^r={}_{10}C_r a^r x^{10-r}$

$\qquad\qquad\qquad$ (단, $r=0,\ 1,\ 2,\ \cdots,\ 10,\ x^0=a^0=1$)

x^2항은 $10-r=2$, 즉 $r=8$일 때이므로

x^2의 계수는 ${}_{10}C_8\times a^8={}_{10}C_2\times a^8=45a^8$

x^3항은 $10-r=3$, 즉 $r=7$일 때이므로

x^3의 계수는 ${}_{10}C_7\times a^7={}_{10}C_3\times a^7=120a^7$

$45a^8=120a^7,\ 45a^7\left(a-\dfrac{8}{3}\right)=0$

$a\neq 0$이므로 $a=\dfrac{8}{3}$

답 ①

9

$(x+1)$과 $(x+1)^2$의 전개식에는 x^3항이 존재하지 않는다.

$n\geq 3$일 때 $(x+1)^n$의 전개식의 일반항은

${}_nC_r x^{n-r}1^r={}_nC_r x^{n-r}$ (단, $r=0,\ 1,\ 2,\ \cdots,\ n,\ x^0=1^0=1$)

x^3항은 $n-r=3$, 즉 $r=n-3$일 때이므로

x^3의 계수는 $_nC_{n-3}$

따라서

$(x+1)^3$의 전개식에서 x^3의 계수는 $_3C_0$

$(x+1)^4$의 전개식에서 x^3의 계수는 $_4C_1$

$(x+1)^5$의 전개식에서 x^3의 계수는 $_5C_2$

$\vdots$

$(x+1)^{10}$의 전개식에서 x^3의 계수는 $_{10}C_7$이므로

$(x+1)+(x+1)^2+(x+1)^3+\cdots+(x+1)^{10}$의 전개식에서

x^3의 계수는 $_3C_0+_4C_1+_5C_2+\cdots+_{10}C_7$이다.

파스칼의 삼각형에 의하여 $_{n-1}C_{r-1}+_{n-1}C_r=_nC_r$이므로

$_3C_0+_4C_1+_5C_2+\cdots+_{10}C_7$

$=(_4C_0+_4C_1)+_5C_2+\cdots+_{10}C_7$

$=(_5C_1+_5C_2)+\cdots+_{10}C_7$

$\vdots$

$=_{11}C_7=_{11}C_4$

$=\dfrac{11\times10\times9\times8}{4\times3\times2\times1}=330$

답 ③

10

$\left(x^2-\dfrac{1}{x^2}\right)(x+2)^6=x^2(x+2)^6-\dfrac{(x+2)^6}{x^2}$

$(x+2)^6$의 전개식의 일반항은

$_6C_r x^{6-r}2^r=_6C_r 2^r x^{6-r}$ (단, $r=0, 1, 2, \cdots, 6, x^0=2^0=1$)

$\quad\cdots\cdots$ ㉠

(i) $x^2(x+2)^6$의 전개식에서 x^4의 계수는 $(x+2)^6$의 전개식에서 x^2의 계수와 같으므로

㉠에서 x^2항은 $6-r=2$, 즉 $r=4$일 때이므로

x^4의 계수는 $_6C_4\times2^4=15\times16=240$

(ii) $\dfrac{(x+2)^6}{x^2}$의 전개식에서 x^4의 계수는 $(x+2)^6$의 전개식에서 x^6의 계수와 같으므로

㉠에서 x^6항은 $r=0$일 때이므로

x^4의 계수는 $_6C_0=1$

(i), (ii)에서 구하는 값은

$240-1=239$

답 239

서술형 문항

11

부등식 $1\leq x\leq y\leq5\leq z<10$을 $1\leq x\leq y\leq5$와 $5\leq z<10$으로 나눈다.

(i) $1\leq x\leq y\leq5$를 만족시키는 자연수 x, y의 순서쌍의 개수는 1, 2, 3, 4, 5 중에서 중복을 허용하여 2개를 택하는 중복조합의 수와 같으므로

$_5H_2=_{5+2-1}C_2=_6C_2=15$

❶

(ii) $5\leq z<10$을 만족시키는 자연수 z의 개수는 5, 6, 7, 8, 9 중에서 1개를 택하는 조합의 수와 같으므로

$_5C_1=5$

❷

(i), (ii)에서 구하는 경우의 수는

$15\times5=75$

❸

답 75

단계	채점기준	비율
❶	중복조합을 이용하여 $1\leq x\leq y\leq5$를 만족시키는 x, y의 순서쌍의 개수를 구한 경우	50%
❷	$5\leq z<10$을 만족시키는 자연수 z의 개수를 구한 경우	30%
❸	곱의 법칙을 이용하여 답을 구한 경우	20%

12

이항계수의 성질에 의하여

$_mC_0+_mC_1+_mC_2+\cdots+_mC_m=2^m$,

$_{2n}C_0+_{2n}C_2+_{2n}C_4+\cdots+_{2n}C_{2n}=2^{2n-1}$

❶

이므로

$(_mC_0+_mC_1+_mC_2+\cdots+_mC_m)$

$\qquad\qquad\times(_{2n}C_0+_{2n}C_2+_{2n}C_4+\cdots+_{2n}C_{2n})$

$=2^m\times2^{2n-1}$

$=2^{m+2n-1}$

❷

두 자연수 m, n에 대하여 $mn=18$을 만족시키는 모든 순서쌍 (m, n)을 구하면

$(1, 18), (2, 9), (3, 6), (6, 3), (9, 2), (18, 1)$

$m+2n-1$의 최솟값은 $m=6, n=3$

❸

일 때이므로 주어진 식의 최솟값은 $2^{6+2\times3-1}=2^{11}$

따라서 $k=11$

❹

답 11

단계	채점기준	비율
❶	이항계수의 성질을 이용하여 $_mC_0+_mC_1+_mC_2+\cdots+_mC_m$과 $_{2n}C_0+_{2n}C_2+_{2n}C_4+\cdots+_{2n}C_{2n}$의 값을 구한 경우	40%
❷	지수법칙을 이용하여 ❶의 두 식을 계산한 경우	20%
❸	주어진 식의 값을 최소로 하는 m, n의 값을 구한 경우	20%
❹	k의 값을 구한 경우	20%

수능 맛보기

1

조건 (가)에서 $f(2)=f(1)+1$이므로

$f(1)=1$이면 $f(2)=2$, $f(1)=2$이면 $f(2)=3$

$f(1)=3$이면 $f(2)=4$, $f(1)=4$이면 $f(2)=5$

(i) $f(1)=1$, $f(2)=2$인 경우

    $2 \le f(3) \le f(4) \le 5$이므로 $f(3)$과 $f(4)$의 값을 결정하는 방법의 수는

    ${}_4H_2 = {}_5C_2 = 10$

(ii) $f(1)=2$, $f(2)=3$인 경우

    $3 \le f(3) \le f(4) \le 5$이므로 $f(3)$과 $f(4)$의 값을 결정하는 방법의 수는

    ${}_3H_2 = {}_4C_2 = 6$

(iii) $f(1)=3$, $f(2)=4$인 경우

    $4 \le f(3) \le f(4) \le 5$이므로 $f(3)$과 $f(4)$의 값을 결정하는 방법의 수는

    ${}_2H_2 = {}_3C_2 = 3$

(iv) $f(1)=4$, $f(2)=5$인 경우

    $f(3)=f(4)=5$이므로 $f(3)$과 $f(4)$의 값을 결정하는 방법의 수는 1이다.

(i)~(iv)에서 구하는 함수의 개수는

$10+6+3+1=20$

🔲 ②

2

3명의 학생에게 나누어 주는 연필의 개수를 각각 x, y, z라 하면 각각의 학생에게 적어도 1자루의 연필을 나누어 주므로 3명의 학생에게 8자루의 연필을 나누어 주는 경우의 수는 방정식 $x+y+z=8$ ($x \ge 1$, $y \ge 1$, $z \ge 1$)를 만족시키는 모든 순서쌍 (x, y, z)의 개수와 같다.

$x=x'+1$, $y=y'+1$, $z=z'+1$이라 하면

방정식 $x'+y'+z'=5$ ($x' \ge 0$, $y' \ge 0$, $z' \ge 0$)를 만족시키는 모든 순서쌍 (x', y', z')의 개수는

${}_3H_5 = {}_7C_5 = {}_7C_2 = \dfrac{7 \times 6}{2 \times 1} = 21$

또 3명의 학생에게 나누어 주는 공책의 개수를 각각 a, b, c라 하면 3명의 학생에게 7권의 공책을 나누어 주는 경우의 수는 방정식 $a+b+c=7$ ($a \ge 0$, $b \ge 0$, $c \ge 0$)를 만족시키는 모든 순서쌍 (a, b, c)의 개수와 같다.

즉, ${}_3H_7 = {}_9C_7 = {}_9C_2 = \dfrac{9 \times 8}{2 \times 1} = 36$

따라서 구하는 경우의 수는 $21 \times 36 = 756$

🔲 756

01 확률의 뜻과 활용

유제

1 $A=\{1, 3, 5, 7, 9, 11, 13, 15\}$, $B=\{3, 6, 9, 12, 15\}$이므로

$A \cap B = \{3, 9, 15\}$

따라서 사건 $A \cap B$의 모든 원소의 합은

$3+9+15=27$

🔲 27

2 $A=\{1, 2, 3, \cdots, n\}$, $B=\{1, 2, 4, 8\}$이고

사건 $A \cap B$의 모든 원소의 합이 7이므로

$A \cap B = \{1, 2, 4\}$이다.

따라서 $4 \le n \le 7$이므로 n의 최댓값은 7이다.

🔲 7

3 한 개의 주사위를 던지는 시행에서 소수의 눈이 나오는 사건이 A이므로 $A=\{2, 3, 5\}$

이때 사건 A와 배반사건인 사건은 $A^C=\{1, 4, 6\}$의 부분집합이다.

따라서 구하는 사건의 개수는

$2^3=8$

🔲 ④

4 표본공간 S가 $S=\{1, 2, 3, 4, 5, 6, 7\}$이므로

$A^C=\{1, 4, 6, 7\}$, $B^C=\{2, 4, 5, 6\}$

따라서 $A^C \cap B^C = \{4, 6\}$

🔲 {4, 6}

5 A, B, C, D, E의 5명이 일렬로 서는 경우의 수는 5!

A, B가 양 끝에 서는 경우의 수는 2!

C, D, E가 A, B 사이에 서는 경우의 수는 3!

따라서 구하는 확률은

$\dfrac{2! \times 3!}{5!} = \dfrac{2 \times 6}{120} = \dfrac{1}{10}$

🔲 ①

6 표본공간을 S라 하면 $S=\{1, 2, 3, \cdots, 10\}$이고 꺼낸 카드에 적힌 수가 소수인 사건을 A라 하면

$A=\{2, 3, 5, 7\}$

따라서 $n(S)=10$, $n(A)=4$이므로
구하는 확률은

$$P(A)=\frac{n(A)}{n(S)}=\frac{4}{10}=\frac{2}{5}$$

答 $\dfrac{2}{5}$

7 한 개의 동전을 3000번 던졌을 때 앞면이 1000번 나왔으므로 이 동전을 한 번 던졌을 때 앞면이 나올 확률은

$$\frac{1000}{3000}=\frac{1}{3}$$

한 개의 주사위를 던질 때, $k\,(k=1,\,2,\,3,\,4,\,5,\,6)$ 이상의 눈이 나올 확률은 $\dfrac{7-k}{6}$

따라서 $\dfrac{1}{3}=\dfrac{7-k}{6}$이므로 $k=5$

答 5

8 9개의 공 중에서 2개를 동시에 꺼내는 경우의 수는
$_9\mathrm{C}_2$
흰 공의 개수를 x라 하면 2개의 공을 꺼낼 때 2개 모두 흰 공이 나오는 경우의 수는
$_x\mathrm{C}_2$
따라서 9개의 공 중에서 2개의 공을 동시에 꺼내었을 때 2개 모두 흰 공이 나올 확률은

$$\frac{_x\mathrm{C}_2}{_9\mathrm{C}_2}=\frac{x(x-1)}{72}$$

이때 이 시행에서 6번 중에서 1번 꼴로 2개 모두 흰 공이 나오므로

$$\frac{x(x-1)}{72}=\frac{1}{6}$$

$x(x-1)=12$, $x^2-x-12=0$
$(x-4)(x+3)=0$
x는 2 이상의 자연수이므로 $x=4$

答 4

9 $\mathrm{P}(A\cup B)=\mathrm{P}(A)+\mathrm{P}(B)-\mathrm{P}(A\cap B)$에
$\mathrm{P}(A)=\dfrac{2}{5}$, $\mathrm{P}(B)=\dfrac{2}{15}$, $\mathrm{P}(A\cup B)=5\mathrm{P}(A\cap B)$
를 대입하면

$$5\mathrm{P}(A\cap B)=\frac{2}{5}+\frac{2}{15}-\mathrm{P}(A\cap B)$$

$$6\mathrm{P}(A\cap B)=\frac{8}{15},\ \mathrm{P}(A\cap B)=\frac{4}{45}$$

따라서 $\mathrm{P}(A\cup B)=5\mathrm{P}(A\cap B)=5\times\dfrac{4}{45}=\dfrac{4}{9}$

答 ④

10 두 공에 적힌 수의 합이 7의 배수인 사건을 A, 두 공에 적힌 수의 곱이 12인 사건을 B라 하자.
12 이하인 자연수 중에서 서로 다른 두 수를 택하는 경우의 수는 $_{12}\mathrm{C}_2=\dfrac{12\times11}{2\times1}=66$이고
$A=\{(1,\,6),\,(2,\,5),\,(3,\,4),\,(2,\,12),\,(3,\,11),\,(4,\,10),$
$\quad(5,\,9),\,(6,\,8),\,(9,\,12),\,(10,\,11)\}$
$B=\{(1,\,12),\,(2,\,6),\,(3,\,4)\}$
$A\cap B=\{(3,\,4)\}$
이므로 구하는 확률은

$$\begin{aligned}\mathrm{P}(A\cup B)&=\mathrm{P}(A)+\mathrm{P}(B)-\mathrm{P}(A\cap B)\\&=\frac{10}{66}+\frac{3}{66}-\frac{1}{66}\\&=\frac{12}{66}=\frac{2}{11}\end{aligned}$$

答 $\dfrac{2}{11}$

11 $\mathrm{P}(A)=2\mathrm{P}(B)=\dfrac{1}{4}$에서 $\mathrm{P}(A)=\dfrac{1}{4}$, $\mathrm{P}(B)=\dfrac{1}{8}$이고,
두 사건 A, B는 서로 배반사건이므로

$$\mathrm{P}(A\cup B)=\mathrm{P}(A)+\mathrm{P}(B)=\frac{1}{4}+\frac{1}{8}=\frac{3}{8}$$

答 $\dfrac{3}{8}$

12 서로 다른 두 개의 주사위를 동시에 던질 때 나오는 모든 경우의 수는
$6\times6=36$
나온 두 눈의 수의 차가 1인 사건을 A, 두 눈의 수의 곱이 완전제곱인 사건을 B라 하면
$A=\{(1,\,2),\,(2,\,3),\,(3,\,4),\,(4,\,5),\,(5,\,6),\,(6,\,5),$
$\quad(5,\,4),\,(4,\,3),\,(3,\,2),\,(2,\,1)\}$
$B=\{(1,\,1),\,(2,\,2),\,(3,\,3),\,(4,\,4),\,(5,\,5),\,(6,\,6),$
$\quad(1,\,4),\,(4,\,1)\}$
한편, 두 사건 A, B는 서로 배반사건이므로
구하는 확률은

$$\mathrm{P}(A\cup B)=\mathrm{P}(A)+\mathrm{P}(B)=\frac{10}{36}+\frac{8}{36}=\frac{18}{36}=\frac{1}{2}$$

答 ③

13 $\mathrm{P}(A\cap B^c)=\mathrm{P}(A)-\mathrm{P}(A\cap B)=\dfrac{2}{3}$이고
$\mathrm{P}(A\cup B)=\mathrm{P}(A)+\mathrm{P}(B)-\mathrm{P}(A\cap B)$이므로
$\dfrac{8}{9}=\dfrac{2}{3}+\mathrm{P}(B)$, $\mathrm{P}(B)=\dfrac{2}{9}$
따라서 $\mathrm{P}(B^c)=1-\mathrm{P}(B)=1-\dfrac{2}{9}=\dfrac{7}{9}$

答 ⑤

14 5개의 숫자 0, 1, 2, 3, 4 중에서 중복을 허용하여 네 자리 자연수를 만들 때, 이 수가 2000 이상인 사건을 A라 하면 이 사건의 여사건 A^c은 2000 미만인 사건이다.

5개의 숫자 0, 1, 2, 3, 4 중에서 중복을 허용하여 네 자리 자연수를 만드는 경우의 수는 천의 자리는 1, 2, 3, 4 중에서 1개를 택하고 백의 자리, 십의 자리, 일의 자리는 0, 1, 2, 3, 4 중에서 중복을 허용하여 3개를 택하는 중복순열의 수와 같으므로

$4 \times {}_5\Pi_3 = 4 \times 5^3$

2000 미만인 네 자리 자연수의 개수는 천의 자리는 1이고 백의 자리, 십의 자리, 일의 자리는 0, 1, 2, 3, 4 중에서 중복을 허용하여 3개를 택하는 중복순열의 수와 같으므로

$1 \times {}_5\Pi_3 = 1 \times 5^3$

$P(A^c) = \dfrac{1 \times 5^3}{4 \times 5^3} = \dfrac{1}{4}$

따라서 $P(A) = 1 - P(A^c) = 1 - \dfrac{1}{4} = \dfrac{3}{4}$

답 $\dfrac{3}{4}$

1 ②	**2** ①	**3** ①	**4** 12

본문 29쪽

1

A, B, C, D, E의 5명이 일렬로 서는 경우의 수는

$5! = 120$

A가 B보다 앞에 서게 되는 경우의 수는 A, B를 같은 문자로 생각하여 X, X, C, D, E를 나열하는 경우의 수와 같으므로

$\dfrac{5!}{2!} = 60$

따라서 구하는 확률은

$\dfrac{60}{120} = \dfrac{1}{2}$

답 ②

2

A, B, C, D, E, F의 6명이 원형의 탁자에 둘러앉는 경우의 수는

$(6-1)! = 5! = 120$

A와 B, C와 D를 각각 한 사람으로 보고, 4명이 원탁에 둘러앉는 경우의 수는

$(4-1)! = 3! = 6$

이때 A와 B, C와 D가 각각 자리를 바꾸는 경우의 수가

$2! \times 2! = 4$

따라서 구하는 확률은

$\dfrac{6 \times 4}{120} = \dfrac{1}{5}$

답 ①

3

40명의 학생 중에서 임의로 한 학생을 선택하였을 때 선택한 학생이 국어 과목을 신청한 사건을 A, 수학 과목을 신청한 사건을 B라 하면

$P(A) = \dfrac{18}{40}$, $P(B) = \dfrac{15}{40}$, $P(A \cap B) = \dfrac{7}{40}$

따라서 구하는 확률은

$\begin{aligned} P(A \cup B) &= P(A) + P(B) - P(A \cap B) \\ &= \dfrac{18}{40} + \dfrac{15}{40} - \dfrac{7}{40} \\ &= \dfrac{26}{40} = \dfrac{13}{20} \end{aligned}$

답 ①

4

a, a, a, b, b, b, b를 일렬로 배열하는 경우의 수는

$\dfrac{7!}{3!4!} = 35$

적어도 한쪽 끝에 a가 있는 사건을 A라 하면 이 사건의 여사건 A^c은 양쪽 끝에 a가 없는 경우이므로 양 끝에 b를 놓고 중간에 a, a, a, b, b를 배열하는 경우의 수는

$\dfrac{5!}{3!2!} = 10$

즉, $P(A^c) = \dfrac{10}{35} = \dfrac{2}{7}$이므로

$P(A) = 1 - P(A^c) = 1 - \dfrac{2}{7} = \dfrac{5}{7}$

따라서 $p + q = 7 + 5 = 12$

답 12

02 조건부확률

본문 30~36쪽

1 $P(A)=\dfrac{3}{4}$이고

$P(A\cap B^{C})=P(A)-P(A\cap B)=\dfrac{1}{3}$이므로

$P(A\cap B)=P(A)-\dfrac{1}{3}=\dfrac{3}{4}-\dfrac{1}{3}=\dfrac{5}{12}$

따라서 $P(B|A)=\dfrac{P(A\cap B)}{P(A)}=\dfrac{\frac{5}{12}}{\frac{3}{4}}=\dfrac{5}{9}$

답 ③

2 4개의 숫자 1, 2, 3, 4를 일렬로 배열하는 경우의 수는
$4!=24$

네 자리 자연수가 짝수인 사건을 A, 네 자리 자연수가 2000 이하인 사건을 B라고 하자.

네 자리 자연수가 짝수인 경우는

□□□2 또는 □□□4

꼴이므로 남은 3개의 숫자를 배열하는 경우의 수는 각각 3!

$P(A)=\dfrac{2\times 3!}{24}=\dfrac{1}{2}$

네 자리 자연수가 짝수이면서 2000 이하인 경우는

1□□2 또는 1□□4

꼴이므로 남은 2개의 숫자를 배열하는 경우의 수는 각각 2!

$P(A\cap B)=\dfrac{2\times 2!}{24}=\dfrac{1}{6}$

따라서 구하는 확률은

$P(B|A)=\dfrac{P(A\cap B)}{P(A)}=\dfrac{\frac{1}{6}}{\frac{1}{2}}=\dfrac{1}{3}$

답 $\dfrac{1}{3}$

3 첫 번째에서 흰 공이 나오는 사건을 A, 두 번째에서 흰 공이 나오는 사건을 B라 하면

첫 번째에서 흰 공이 나올 확률은 $P(A)=\dfrac{3}{8}$

첫 번째에서 흰 공이 나왔을 때, 두 번째에서도 흰 공이 나올 확률은 $P(B|A)=\dfrac{2}{7}$

따라서 구하는 확률은

$P(A\cap B)=P(A)P(B|A)=\dfrac{3}{8}\times\dfrac{2}{7}=\dfrac{3}{28}$

답 $\dfrac{3}{28}$

4 첫 번째에서 당첨 제비를 뽑는 사건을 A, 두 번째에서 당첨 제비를 뽑는 사건을 B라 하면

첫 번째에서 당첨 제비를 뽑을 확률은 $P(A)=\dfrac{3}{n}$

첫 번째에서 당첨 제비를 뽑았을 때, 두 번째에서도 당첨 제비를 뽑을 확률은 $P(B|A)=\dfrac{2}{n-1}$

두 제비가 모두 당첨 제비일 확률은

$P(A\cap B)=P(A)P(B|A)$

$=\dfrac{3}{n}\times\dfrac{2}{n-1}=\dfrac{6}{n(n-1)}$

$\dfrac{6}{n(n-1)}=\dfrac{1}{12}$에서 $n(n-1)=72$

$n^2-n-72=0$, $(n-9)(n+8)=0$

$n\geq 3$이므로 $n=9$

답 9

5 임의로 택한 스마트폰이 A 공장에서 생산된 사건을 A, B 공장에서 생산된 사건을 B, 불량품인 사건을 E라 하면

$P(A)=\dfrac{60}{100}=\dfrac{3}{5}$, $P(B)=\dfrac{40}{100}=\dfrac{2}{5}$

(i) $P(A\cap E)=P(A)P(E|A)=\dfrac{3}{5}\times\dfrac{3}{100}=\dfrac{9}{500}$

(ii) $P(B\cap E)=P(B)P(E|B)=\dfrac{2}{5}\times\dfrac{4}{100}=\dfrac{8}{500}$

두 사건 $A\cap E$와 $B\cap E$가 서로 배반사건이므로
(i), (ii)에서

$P(E)=P(A\cap E)+P(B\cap E)=\dfrac{9}{500}+\dfrac{8}{500}=\dfrac{17}{500}$

따라서 구하는 확률은

$P(A|E)=\dfrac{P(A\cap E)}{P(E)}=\dfrac{\frac{9}{500}}{\frac{17}{500}}=\dfrac{9}{17}$

답 $\dfrac{9}{17}$

6 A가 5의 배수가 적힌 카드를 뽑는 사건을 A, B가 5의 배수가 적힌 카드를 뽑는 사건을 B라 하면

(i) A가 5의 배수가 적힌 카드를 뽑고 B도 5의 배수가 적힌 카드를 뽑을 확률은

$P(A\cap B)=P(A)P(B|A)=\dfrac{4}{20}\times\dfrac{3}{19}=\dfrac{3}{95}$

(ii) A가 5의 배수가 적힌 카드를 뽑지 않고 B는 5의 배수가 적힌 카드를 뽑을 확률은

$P(A^{c}\cap B)=P(A^{c})P(B|A^{c})=\dfrac{16}{20}\times\dfrac{4}{19}=\dfrac{16}{95}$

두 사건 $A\cap B$와 $A^{c}\cap B$가 서로 배반사건이므로 B가 5의 배수가 적힌 카드를 뽑을 확률은

$P(B) = P(A \cap B) + P(A^c \cap B) = \dfrac{3}{95} + \dfrac{16}{95} = \dfrac{19}{95} = \dfrac{1}{5}$

따라서 구하는 확률은

$P(A|B) = \dfrac{P(A \cap B)}{P(B)} = \dfrac{\dfrac{3}{95}}{\dfrac{1}{5}} = \dfrac{3}{19}$

답 ①

7 두 사건 A와 B가 서로 독립이므로

$P(B|A^c) = \dfrac{1}{4}$에서 $P(B|A^c) = P(B) = \dfrac{1}{4}$

$P(A^c) = 1 - P(A) = 1 - \dfrac{2}{5} = \dfrac{3}{5}$

따라서 $P(A^c) + P(B) = \dfrac{3}{5} + \dfrac{1}{4} = \dfrac{17}{20}$

답 $\dfrac{17}{20}$

8 두 사건 A와 B가 서로 독립이므로

$P(A|B^c) = \dfrac{1}{3}$에서 $P(A) = \dfrac{1}{3}$

$P(B^c|A^c) = \dfrac{3}{5}$에서 $P(B^c) = \dfrac{3}{5}$

$P(B) = 1 - P(B^c) = 1 - \dfrac{3}{5} = \dfrac{2}{5}$

따라서 $P(A) + P(B) = \dfrac{1}{3} + \dfrac{2}{5} = \dfrac{11}{15}$

답 ⑤

9 주사위의 두 눈의 수의 곱이 홀수가 되려면 두 개의 주사위 모두에서 홀수의 눈이 나와야 한다.

서로 다른 두 개의 주사위를 던질 때 홀수의 눈이 나오는 사건을 각각 A, B라 하면 두 사건 A와 B가 서로 독립이므로 두 눈의 수의 곱이 홀수일 확률은

$P(A \cap B) = P(A)P(B) = \dfrac{3}{6} \times \dfrac{3}{6} = \dfrac{9}{36} = \dfrac{1}{4}$

따라서 구하는 확률은 $\dfrac{1}{4}$

답 $\dfrac{1}{4}$

10 A, B 두 사격 선수가 과녁을 조준하여 명중하는 사건을 각각 A, B라 하면 두 사건 A와 B는 서로 독립이다.

(i) A는 명중하고 B는 명중하지 못할 확률
$P(A \cap B^c) = P(A)P(B^c) = 0.8 \times 0.3 = 0.24$

(ii) A는 명중하고 못하고 B는 명중할 확률
$P(A^c \cap B) = P(A^c)P(B) = 0.2 \times 0.7 = 0.14$

(i), (ii)에서 구하는 확률은

$0.24 + 0.14 = 0.38$

답 0.38

11 세 사건 A, B, C를 집합으로 나타내면
$A = \{4, 8\}$, $B = \{2, 3, 5, 7\}$, $C = \{6, 7, 8, 9, 10\}$이다.

(i) $A \cap B = \varnothing$이므로 $P(A \cap B) = 0$

한편, $P(A) = \dfrac{2}{10} = \dfrac{1}{5}$, $P(B) = \dfrac{4}{10} = \dfrac{2}{5}$이므로

$P(A)P(B) = \dfrac{1}{5} \times \dfrac{2}{5} = \dfrac{2}{25}$

$P(A \cap B) \neq P(A)P(B)$이므로 두 사건 A와 B는 서로 종속이다.

(ii) $A \cap C = \{8\}$이므로 $P(A \cap C) = \dfrac{1}{10}$

한편, $P(A) = \dfrac{1}{5}$, $P(C) = \dfrac{5}{10} = \dfrac{1}{2}$이므로

$P(A)P(C) = \dfrac{1}{5} \times \dfrac{1}{2} = \dfrac{1}{10}$

$P(A \cap C) = P(A)P(C)$가 성립하므로 두 사건 A와 C는 서로 독립이다.

(iii) $B \cap C = \{7\}$이므로 $P(B \cap C) = \dfrac{1}{10}$

한편, $P(B) = \dfrac{2}{5}$, $P(C) = \dfrac{1}{2}$이므로

$P(B)P(C) = \dfrac{2}{5} \times \dfrac{1}{2} = \dfrac{1}{5}$

$P(B \cap C) \neq P(B)P(C)$이므로 두 사건 A와 B는 서로 종속이다.

따라서 독립인 두 사건은 A와 C이다.

답 A와 C

12 두 개의 동전을 동시에 던질 때 두 개 모두 앞면이 나올 확률은 확률의 곱셈정리에 의하여

$\dfrac{1}{2} \times \dfrac{1}{2} = \dfrac{1}{4}$

이 시행을 4번 반복할 때, 두 개의 동전 모두 앞면이 나온 횟수가 3회일 확률은

$_4C_3 \left(\dfrac{1}{4}\right)^3 \left(\dfrac{3}{4}\right)^1 = \dfrac{3}{64}$

답 $\dfrac{3}{64}$

13 안타를 칠 확률이 0.3이므로 독립시행의 확률에 의하여

(i) 안타를 2번 칠 확률은
$_4C_2 (0.3)^2 (0.7)^2 = 0.2646$

(ii) 안타를 3번 칠 확률은
$_4C_3 (0.3)^3 (0.7)^1 = 0.0756$

(i), (ii)에서 구하는 확률은

$0.2646 + 0.0756 = 0.3402$

답 0.3402

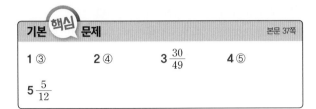

본문 37쪽

1 ③　　　　**2** ④　　　　**3** $\dfrac{30}{49}$　　　　**4** ⑤

5 $\dfrac{5}{12}$

1

$\mathrm{P}(A\cup B)=\mathrm{P}(A)+\mathrm{P}(B)-\mathrm{P}(A\cap B)$이므로

$\mathrm{P}(A\cap B)=\mathrm{P}(A)+\mathrm{P}(B)-\mathrm{P}(A\cup B)$

$\qquad =\dfrac{1}{3}+\dfrac{3}{4}-\dfrac{4}{5}=\dfrac{17}{60}$

$\mathrm{P}(A\,|\,B^{C})=\dfrac{\mathrm{P}(A\cap B^{C})}{\mathrm{P}(B^{C})}=\dfrac{\mathrm{P}(A)-\mathrm{P}(A\cap B)}{1-\mathrm{P}(B)}$

$\qquad =\dfrac{\dfrac{1}{3}-\dfrac{17}{60}}{1-\dfrac{3}{4}}=\dfrac{1}{5}$

답 ③

[다른 풀이]

$\mathrm{P}(A\cap B^{C})=\mathrm{P}(A\cup B)-\mathrm{P}(B)=\dfrac{4}{5}-\dfrac{3}{4}=\dfrac{1}{20}$

$\mathrm{P}(A\,|\,B^{C})=\dfrac{\mathrm{P}(A\cap B^{C})}{\mathrm{P}(B^{C})}=\dfrac{\mathrm{P}(A\cap B^{C})}{1-\mathrm{P}(B)}$

$\qquad =\dfrac{\dfrac{1}{20}}{1-\dfrac{3}{4}}=\dfrac{1}{5}$

2

주머니 A를 선택하는 사건을 A, 주머니 B를 선택하는 사건을 B, 꺼낸 공이 모두 파란 공인 사건을 E라 하면

(i) 주머니 A에서 파란 공이 2개 나올 확률

$\quad \mathrm{P}(A\cap E)=\mathrm{P}(A)\mathrm{P}(E\,|\,A)$

$\qquad =\dfrac{1}{2}\times\dfrac{{}_{3}\mathrm{C}_{2}}{{}_{6}\mathrm{C}_{2}}=\dfrac{1}{2}\times\dfrac{1}{5}=\dfrac{1}{10}$

(ii) 주머니 B에서 파란 공이 2개 나올 확률

$\quad \mathrm{P}(B\cap E)=\mathrm{P}(B)\mathrm{P}(E\,|\,B)$

$\qquad =\dfrac{1}{2}\times\dfrac{{}_{4}\mathrm{C}_{2}}{{}_{6}\mathrm{C}_{2}}=\dfrac{1}{2}\times\dfrac{2}{5}=\dfrac{1}{5}$

(i), (ii)에서 꺼낸 공이 모두 파란 공일 확률은

$\mathrm{P}(E)=\mathrm{P}(A\cap E)+\mathrm{P}(B\cap E)=\dfrac{1}{10}+\dfrac{1}{5}=\dfrac{3}{10}$

따라서 구하는 확률은

$\mathrm{P}(A\,|\,E)=\dfrac{\mathrm{P}(A\cap E)}{\mathrm{P}(E)}=\dfrac{\dfrac{1}{10}}{\dfrac{3}{10}}=\dfrac{1}{3}$

답 ④

3

A 상자에서 흰 공이 나오는 사건을 A, 꺼낸 2개의 공이 흰 공 1개, 검은 공 1개인 사건을 E라 하면

(i) A 상자에서 흰 공이 나오는 경우

두 번째 학생도 A 상자에서 검은 공 1개를 꺼내야 하므로

$\mathrm{P}(A\cap E)=\mathrm{P}(A)\mathrm{P}(E\,|\,A)=\dfrac{3}{7}\times\dfrac{4}{6}=\dfrac{2}{7}$

(ii) A 상자에서 검은 공이 나오는 경우

두 번째 학생은 B 상자에서 흰 공 1개를 꺼내야 하므로

$\mathrm{P}(A^{C}\cap E)=\mathrm{P}(A^{C})\mathrm{P}(E\,|\,A^{C})=\dfrac{4}{7}\times\dfrac{4}{7}=\dfrac{16}{49}$

(i), (ii)에서 구하는 확률은

$\mathrm{P}(E)=\mathrm{P}(A\cap E)+\mathrm{P}(A^{C}\cap E)=\dfrac{2}{7}+\dfrac{16}{49}=\dfrac{30}{49}$

답 $\dfrac{30}{49}$

4

갑이 시험에 합격하는 사건을 A, 을이 시험에 합격하는 사건을 B라 하자.

이때 두 사람 모두 시험에 불합격할 확률은

$\mathrm{P}(A^{C}\cap B^{C})=\mathrm{P}(A^{C})\mathrm{P}(B^{C})=\{1-\mathrm{P}(A)\}\{1-\mathrm{P}(B)\}$

$\qquad =\left(1-\dfrac{3}{5}\right)\left(1-\dfrac{3}{4}\right)=\dfrac{2}{5}\times\dfrac{1}{4}=\dfrac{1}{10}$

따라서 갑, 을 두 사람 중에서 적어도 한 명이 합격할 확률은

$\mathrm{P}(A\cup B)=1-\mathrm{P}(A^{C}\cap B^{C})=1-\dfrac{1}{10}=\dfrac{9}{10}$

답 ⑤

5

한 개의 주사위를 던질 때, 4 이하의 눈이 나올 확률은

$\dfrac{4}{6}=\dfrac{2}{3}$

5 이상의 눈이 나올 확률은 $\dfrac{2}{6}=\dfrac{1}{3}$

동전을 한 번 던질 때 앞면이 나올 확률이 $\dfrac{1}{2}$이므로

(i) 주사위를 던질 때 4 이하의 눈이 나오고, 동전을 3번 던질 때 동전의 앞면이 1번 나올 확률은

$\dfrac{2}{3}\times{}_{3}\mathrm{C}_{1}\left(\dfrac{1}{2}\right)^{1}\left(\dfrac{1}{2}\right)^{2}=\dfrac{1}{4}$

(ii) 주사위를 던질 때 5 이상의 눈이 나오고, 동전을 2번 던질 때 동전의 앞면이 1번 나올 확률은

$\dfrac{1}{3}\times{}_{2}\mathrm{C}_{1}\left(\dfrac{1}{2}\right)^{1}\left(\dfrac{1}{2}\right)^{1}=\dfrac{1}{6}$

(i), (ii)에서 구하는 확률은 $\dfrac{1}{4}+\dfrac{1}{6}=\dfrac{5}{12}$

답 $\dfrac{5}{12}$

단원 종합 문제

본문 38~40쪽

1 ②	2 ③	3 ②	4 ⑤
5 ③	6 ④	7 ③	8 ①
9 ③	10 89	11 $\frac{3}{10}$	12 $\frac{12}{35}$

1

남학생 4명과 여학생 5명, 즉 9명 중에서 대표 3명을 뽑는 경우의 수는

$$_9C_3 = \frac{9 \times 8 \times 7}{3 \times 2 \times 1} = 84$$

이때 A와 B가 모두 대표로 뽑히는 경우의 수는 A, B를 대표로 뽑아 두고 이 2명을 제외한 7명 중 1명을 뽑는 경우의 수와 같으므로

$$_7C_1 = 7$$

따라서 구하는 확률은

$$\frac{7}{84} = \frac{1}{12}$$

답 ②

2

빨간 공 3개를 각각 R_1, R_2, R_3이라 하고, 노란 공 2개를 각각 Y_1, Y_2라 하고, 파란 공을 B라 하자.

빨간 공 3개와 노란 공 2개와 파란 공 1개를 일렬로 나열하는 경우의 수는

$$6! = 720$$

빨간 공끼리 이웃하지 않는 경우는 노란 공 2개와 파란 공 1개를 일렬로 나열한 뒤 그림과 같이 ∨ 표시된 자리, 즉 각각의 공 사이 또는 맨 앞과 맨 뒤 중 3개의 자리를 선택하여 빨간 공 3개를 일렬로 나열하는 경우의 수와 같다.

이때 노란 공 Y_1, Y_2와 파란 공 B를 일렬로 나열하는 경우의 수는 $3! = 6$

이 각각의 경우에 대하여 ∨ 표시된 자리 중 3개의 자리를 선택하여 빨간 공 R_1, R_2, R_3을 일렬로 나열하는 경우의 수는

$$_4P_3 = 4 \times 3 \times 2 = 24$$

이므로 빨간 공끼리 이웃하지 않도록 일렬로 나열하는 경우의 수는

$$6 \times 24 = 144$$

따라서 구하는 확률은

$$\frac{144}{720} = \frac{1}{5}$$

답 ③

3

한 개의 주사위를 두 번 던질 때 나오는 경우의 수는

$$6 \times 6 = 36$$

$i^{ab} = -1$을 만족시키는 경우는

$ab = 4k + 2$ (단, k는 음이 아닌 정수)일 때, 즉 ab가 2, 6, 10, 18, 30일 때이므로 가능한 순서쌍 (a, b)는 다음과 같다.

$ab = 2$일 때, 가능한 (a, b)는 $(1, 2)$, $(2, 1)$의 2개

$ab = 6$일 때, 가능한 (a, b)는 $(1, 6)$, $(6, 1)$, $(2, 3)$, $(3, 2)$의 4개

$ab = 10$일 때, 가능한 (a, b)는 $(2, 5)$, $(5, 2)$의 2개

$ab = 18$일 때, 가능한 (a, b)는 $(3, 6)$, $(6, 3)$의 2개

$ab = 30$일 때, 가능한 (a, b)는 $(5, 6)$, $(6, 5)$의 2개

따라서 $i^{ab} = -1$을 만족시키는 모든 순서쌍 (a, b)의 개수는 12이므로 구하는 확률은

$$\frac{12}{36} = \frac{1}{3}$$

답 ②

4

10개의 탁구공 중에서 동시에 2개를 꺼내는 경우의 수는

$$_{10}C_2 = \frac{10 \times 9}{2 \times 1} = 45$$

적어도 하나의 흰색 탁구공을 꺼내는 사건을 A라 하면 사건 A의 여사건 A^c는 노란색 탁구공만 2개를 꺼내는 사건이다.

이때 노란색 탁구공 6개 중에서 동시에 2개를 꺼내는 경우의 수는

$$_6C_2 = \frac{6 \times 5}{2 \times 1} = 15$$

이므로

$$P(A^c) = \frac{15}{45} = \frac{1}{3}$$

따라서 구하는 확률은

$$P(A) = 1 - P(A^c) = 1 - \frac{1}{3} = \frac{2}{3}$$

답 ⑤

5

상자에서 임의로 1장씩 3장의 카드를 꺼낼 때, 꺼낸 순서대로 나오는 수 a, b, c의 순서쌍 (a, b, c)의 개수는

$$_5\Pi_3 = 5^3 = 125$$

$(a-b)(b-c) = 0$을 만족시키는 경우는 $a = b$ 또는 $b = c$이므로 $a = b$인 사건을 A, $b = c$인 사건을 B라 하면 구하는 확률은 $P(A \cup B)$이다.

(i) $a = b$ 또는 $b = c$인 경우

$a = b$인 경우의 수는 5이고, 이때 가능한 c의 경우의 수는 5이므로 구하는 경우의 수

$5 \times 5 = 25$

따라서 $\mathrm{P}(A) = \dfrac{25}{125} = \dfrac{1}{5}$

마찬가지 방법으로 $b = c$인 경우의 수도 25이므로

$\mathrm{P}(B) = \dfrac{25}{125} = \dfrac{1}{5}$

(ii) $a = b = c$인 경우

$a = b = c$인 사건은 $A \cap B$이고 가능한 경우의 수는 5이므로

$\mathrm{P}(A \cap B) = \dfrac{5}{125} = \dfrac{1}{25}$

(i), (ii)에서 구하는 확률은 확률의 덧셈 정리에 의하여

$\mathrm{P}(A \cup B) = \mathrm{P}(A) + \mathrm{P}(B) - \mathrm{P}(A \cap B)$

$\qquad\qquad = \dfrac{1}{5} + \dfrac{1}{5} - \dfrac{1}{25} = \dfrac{9}{25}$

답 ③

[다른 풀이]

상자에서 임의로 1장씩 3장의 카드를 꺼낼 때, 꺼낸 순서대로 나오는 수 a, b, c에 대하여 $(a-b)(b-c) = 0$을 만족시키는 사건을 X라 하면 X의 여사건 X^C는 $(a-b)(b-c) \neq 0$, 즉 $a \neq b$이고 $b \neq c$인 사건이다.

이때 $a \neq b$를 만족시키는 경우의 수는

$_5\mathrm{P}_2 = 5 \times 4 = 20$

이고, 각각의 경우에 대하여 $b \neq c$를 만족시키는 c를 정하는 경우의 수는 1, 2, 3, 4, 5 중 b와 다른 하나의 수를 선택하는 경우의 수와 같으므로

$_4\mathrm{C}_1 = 4$

즉, 구하는 경우의 수는

$20 \times 4 = 80$

이므로 $\mathrm{P}(X^C) = \dfrac{80}{125} = \dfrac{16}{25}$

따라서 구하는 확률은

$\mathrm{P}(X) = 1 - \mathrm{P}(X^C) = 1 - \dfrac{16}{25} = \dfrac{9}{25}$

6

7장의 카드 중 2장의 카드를 선택하는 경우의 수는

$_7\mathrm{C}_2 = \dfrac{7 \times 6}{2 \times 1} = 21$

7장의 카드 중 2장의 카드를 선택할 때, 2장의 카드에 적혀 있는 두 수의 곱이 3의 배수인 사건을 A, 두 수의 합이 홀수인 사건을 B라 하면 구하는 확률은 $\mathrm{P}(B|A)$이다.

2장의 카드에 적혀 있는 수의 곱이 3의 배수인 경우는

1×3인 경우, 그 경우의 수는 $_2\mathrm{C}_1 \times _2\mathrm{C}_1 = 4$

2×3인 경우, 그 경우의 수는 $_3\mathrm{C}_1 \times _2\mathrm{C}_1 = 6$

3×3인 경우, 그 경우의 수는 $_2\mathrm{C}_2 = 1$

즉, 두 수의 곱이 3의 배수인 경우의 수는

$4 + 6 + 1 = 11$이므로 $\mathrm{P}(A) = \dfrac{11}{21}$

이때 두 수의 곱이 3의 배수이면서 두 수의 합이 홀수인 사건은 $A \cap B$이고, 사건 $A \cap B$는 두 수의 곱이 3의 배수가 되는 세 가지 경우 중 2×3인 경우이므로

$\mathrm{P}(A \cap B) = \dfrac{6}{21}$

따라서 구하는 확률은

$\mathrm{P}(B|A) = \dfrac{\mathrm{P}(A \cap B)}{\mathrm{P}(A)} = \dfrac{\frac{6}{21}}{\frac{11}{21}} = \dfrac{6}{11}$

답 ④

7

이 고등학교 수학 탐구 동아리 회원 중 1학년 여학생의 수를 x라 하자. 이 고등학교 수학 탐구 동아리 회원 중 임의로 1명을 선택할 때, 그 학생이 여학생인 사건을 A, 1학년인 사건을 B라 하면

$\mathrm{P}(A) = \dfrac{20}{60} = \dfrac{1}{3}$, $\mathrm{P}(A \cap B) = \dfrac{x}{60}$

이고,

$\mathrm{P}(B|A) = \dfrac{\mathrm{P}(A \cap B)}{\mathrm{P}(A)} = \dfrac{\frac{x}{60}}{\frac{1}{3}} = \dfrac{x}{20}$

이때 $\dfrac{x}{20} = \dfrac{2}{5}$에서 $x = 8$이므로 주어진 표는 다음과 같다.

성별 학년	남학생(A^c)	여학생(A)	합계
1학년(B)	22	8	30
2학년(B^c)	18	12	30
합계	40	20	60

이 고등학교 수학 탐구 동아리 회원 중 임의로 1명을 선택할 때, 그 학생이 2학년 학생인 사건이 B^c, 남학생인 사건이 A^c이므로 구하는 확률은 $\mathrm{P}(A^c|B^c)$이다.

위의 표에 의해

$\mathrm{P}(B^c) = \dfrac{30}{60} = \dfrac{1}{2}$, $\mathrm{P}(B^c \cap A^c) = \dfrac{18}{60} = \dfrac{3}{10}$

이므로 구하는 확률은

$\mathrm{P}(A^c|B^c) = \dfrac{\mathrm{P}(B^c \cap A^c)}{\mathrm{P}(B^c)} = \dfrac{\frac{3}{10}}{\frac{1}{2}} = \dfrac{3}{5}$

답 ③

8

두 사건 A와 B는 서로 독립이므로

$\mathrm{P}(A \cap B) = \mathrm{P}(A)\mathrm{P}(B)$

확률의 덧셈정리에 의하여

$$P(A \cup B) = P(A) + P(B) - P(A \cap B)$$
$$= P(A) + P(B) - P(A)P(B)$$
$$= \frac{1}{3} + P(B) - \frac{1}{3}P(B)$$
$$= \frac{1}{3} + \frac{2}{3}P(B)$$

이고, $P(A \cup B) = \frac{3}{4}$이므로

$$\frac{1}{3} + \frac{2}{3}P(B) = \frac{3}{4}, \quad P(B) = \frac{5}{8}$$

따라서

$$P(A \cap B) = P(A)P(B) = \frac{1}{3} \times \frac{5}{8} = \frac{5}{24}$$

답 ①

9

A가 우승하는 경우는 3, 4세트를 연속으로 두 번 이기거나 4세트까지 2승 2패를 거둔 후 마지막 세트에서 이기는 경우이다.

(i) A가 3, 4세트를 연속으로 두 번 이길 확률은

$$_2C_2 \left(\frac{1}{3}\right)^2 \left(\frac{2}{3}\right)^0 = \frac{1}{9}$$

(ii) A가 4세트까지 2승 2패를 거둔 후 마지막 세트에서 이길 확률은

$$_2C_1 \left(\frac{1}{3}\right)^1 \left(\frac{2}{3}\right)^1 \times \frac{1}{3} = \frac{4}{27}$$

(i), (ii)에서 구하는 확률은

$$\frac{1}{9} + \frac{4}{27} = \frac{7}{27}$$

답 ③

10

3의 배수인 다섯 자리의 자연수가 되기 위해서는 첫 번째 빈 칸에는 1이 들어가야 하고, 각 자릿수들의 합이 3의 배수이어야 하므로 나머지 4개의 빈칸에 1이 두 번, 0이 두 번 들어가야 한다.

첫 번째 빈칸에 1이 들어가는 사건을 A, 나머지 4개의 빈칸에 1이 두 번, 0이 두 번 들어가는 사건을 B라 하면 구하는 확률은 $P(A \cap B)$이다.

첫 번째 빈칸에 1이 들어가려면 주사위를 던졌을 때 3의 배수의 눈이 나와야 하므로

$$P(A) = \frac{1}{3}$$

이때 나머지 4개의 빈칸에 1이 두 번, 0이 두 번 들어가려면 남은 네 번의 시행에서 3의 배수의 눈이 나오는 횟수가 두 번, 3의 배수의 눈이 나오지 않는 횟수가 두 번이어야 하므로

$$P(B|A) = {}_4C_2 \left(\frac{1}{3}\right)^2 \left(\frac{2}{3}\right)^2 = \frac{8}{27}$$

구하는 확률은

$$P(A \cap B) = P(A)P(B|A) = \frac{1}{3} \times \frac{8}{27} = \frac{8}{81}$$

따라서 $p = 81$, $q = 8$이므로 $p + q = 89$

답 89

11

10개의 구슬 중 3개의 구슬을 선택하는 경우의 수는

$$_{10}C_3 = \frac{10 \times 9 \times 8}{3 \times 2 \times 1} = 120$$

❶

꺼낸 3개의 구슬에 적힌 수 중 가장 큰 수가 4인 경우는 4가 적힌 구슬이 1개인 경우와 4가 적힌 구슬이 2개인 경우로 나눌 수 있다.

3개의 구슬을 동시에 꺼낼 때 4가 적힌 구슬이 1개인 사건을 A, 4가 적힌 구슬이 2개인 사건을 B라 하면 구하는 확률은 $P(A \cup B)$이다.

(i) 4가 적힌 구슬이 1개인 경우

4가 적힌 구슬 2개 중 1개를 선택하고, 1, 2, 3이 적힌 6개의 구슬 중 2개를 선택하는 경우이므로 그 경우의 수는

$$_2C_1 \times {}_6C_2 = 2 \times \frac{6 \times 5}{2 \times 1} = 30$$

따라서 $P(A) = \frac{30}{120} = \frac{1}{4}$

❷

(ii) 4가 적힌 구슬이 2개인 경우

4가 적힌 구슬 2개를 모두 선택하고, 1, 2, 3이 적힌 6개의 구슬 중 1개를 선택하는 경우이므로 그 경우의 수는

$$_2C_2 \times {}_6C_1 = 1 \times 6 = 6$$

따라서 $P(B) = \frac{6}{120} = \frac{1}{20}$

❸

(i), (ii)에서 두 사건 A, B는 서로 배반사건이므로 구하는 확률은

$$P(A \cup B) = P(A) + P(B) = \frac{1}{4} + \frac{1}{20} = \frac{6}{20} = \frac{3}{10}$$

❹

답 $\frac{3}{10}$

단계	채점기준	비율
❶	전체 경우의 수를 구한 경우	10%
❷	$P(A)$를 구한 경우	40%
❸	$P(B)$를 구한 경우	40%
❹	$P(A \cup B)$를 구한 경우	10%

12

주머니에서 임의로 1개의 공을 꺼낼 때, 꺼낸 공이 흰 공인 사건을 A, 다시 이 주머니에서 임의로 2개의 공을 동시에 꺼낼 때, 꺼낸 공 2개가 모두 검은 공인 사건을 B라 하면 구하는 확률은 $\mathrm{P}(B)$이다.

(ⅰ) 주머니에서 꺼낸 1개의 공이 흰 공인 경우

$$\mathrm{P}(A)=\frac{2}{5}$$

이고, 이때 주머니에 흰 공 4개와 검은 공 3개가 들어 있게 되므로

$$\mathrm{P}(B|A)=\frac{{}_3\mathrm{C}_2}{{}_7\mathrm{C}_2}=\frac{3}{21}=\frac{1}{7}$$

따라서

$$\mathrm{P}(A\cap B)=\mathrm{P}(A)\mathrm{P}(B|A)=\frac{2}{5}\times\frac{1}{7}=\frac{2}{35}$$

❶

(ⅱ) 주머니에서 꺼낸 1개의 공이 검은 공인 경우

$$\mathrm{P}(A^c)=1-\mathrm{P}(A)=\frac{3}{5}$$

이고, 이때 주머니에 흰 공 2개와 검은 공 5개가 들어 있게 되므로

$$\mathrm{P}(B|A^c)=\frac{{}_5\mathrm{C}_2}{{}_7\mathrm{C}_2}=\frac{10}{21}$$

따라서

$$\mathrm{P}(A^c\cap B)=\mathrm{P}(A^c)\mathrm{P}(B|A^c)=\frac{3}{5}\times\frac{10}{21}=\frac{2}{7}$$

❷

(ⅰ), (ⅱ)에서

$$\mathrm{P}(B)=\mathrm{P}(A\cap B)+\mathrm{P}(A^c\cap B)=\frac{2}{35}+\frac{2}{7}=\frac{12}{35}$$

❸

답 $\dfrac{12}{35}$

단계	채점기준	비율
❶	$\mathrm{P}(A\cap B)$를 구한 경우	40%
❷	$\mathrm{P}(A\cap B^c)$를 구한 경우	40%
❸	$\mathrm{P}(B)$를 구한 경우	20%

수능 맛보기
본문 41쪽

1

20개의 공 중에서 임의로 선택한 1개의 공이 흰색인 사건을 A, 공에 적혀 있는 수가 짝수인 사건을 B라 하면 구하는 확률은

$$\mathrm{P}(B|A)=\frac{\mathrm{P}(A\cap B)}{\mathrm{P}(A)}=\frac{\frac{3}{20}}{\frac{9}{20}}=\frac{1}{3}$$

답 ③

2

이 고등학교 3학년 학생 중 임의로 선택한 1명이 남학생인 사건을 A, 여학생인 사건을 A^c라 하고, 이 고등학교 3학년 학생 중 연극을 선택한 사건을 B, 뮤지컬을 선택한 사건을 B^c라 하면 구하는 확률은 $\mathrm{P}(A^c|B^c)$이다.

이 고등학교 3학년 학생들의 남학생과 여학생 수의 비가 2 : 3이므로

남학생 수는 $300\times\frac{2}{5}=120$

여학생 수는 $300\times\frac{3}{5}=180$

또 연극을 선택한 학생 수는 뮤지컬을 선택한 학생 수의 2배이므로

연극을 선택한 학생 수는 $300\times\frac{2}{3}=200$

뮤지컬을 선택한 학생 수는 $300\times\frac{1}{3}=100$

이 고등학교 3학년 학생 중 임의로 선택한 1명이 남학생일 때, 이 학생이 연극을 선택한 학생이었을 확률은 $\frac{3}{5}$이므로

연극을 선택한 남학생 수를 x라 하면

$$\mathrm{P}(B|A)=\frac{\mathrm{P}(A\cap B)}{\mathrm{P}(A)}=\frac{\frac{x}{300}}{\frac{120}{300}}=\frac{x}{120}=\frac{3}{5}$$

에서 $x=72$

이때 연극 또는 뮤지컬을 선택한 남학생과 여학생 수를 표로 나타내면 다음과 같다.

(단위: 명)

구분	연극(B)	뮤지컬(B^c)	합계
남학생(A)	72	48	120
여학생(A^c)	128	52	180
합계	200	100	300

이때 뮤지컬을 선택한 여학생 수는 52명이므로 구하는 확률은

$$\mathrm{P}(A^c|B^c)=\frac{\mathrm{P}(A^c\cap B^c)}{\mathrm{P}(B^c)}$$

$$=\frac{\frac{52}{300}}{\frac{100}{300}}=\frac{13}{25}$$

답 ④

III. 통계

01 이산확률분포

본문 42~48쪽

유제

1 주머니에서 임의로 3개의 구슬을 동시에 꺼낼 때 나오는 빨간 구슬과 파란 구슬의 개수는 다음과 같다.
(빨간 구슬 0개, 파란 구슬 3개),
(빨간 구슬 1개, 파란 구슬 2개),
(빨간 구슬 2개, 파란 구슬 1개)
따라서 확률변수 X가 가질 수 있는 값은 0, 1, 2이다.

답 0, 1, 2

2 5장의 카드 중에서 임의로 3장의 카드를 동시에 뽑을 때, 카드에 적힌 수를 작은 수부터 순서대로 a, b, c $(a < b < c)$ 라 하고 최솟값인 a의 값에 따른 순서쌍 (a, b, c)를 나열하면 다음과 같다.

(i) 최솟값이 1일 때, 즉 $a=1$일 때
$(1, 2, 3)$, $(1, 2, 4)$, $(1, 2, 5)$, $(1, 3, 4)$, $(1, 3, 5)$, $(1, 4, 5)$

(ii) 최솟값이 2일 때, 즉 $a=2$일 때
$(2, 3, 4)$, $(2, 3, 5)$, $(2, 4, 5)$

(iii) 최솟값이 3일 때, 즉 $a=3$일 때
$(3, 4, 5)$

따라서 확률변수 X가 가질 수 있는 값은 1, 2, 3이다.

답 1, 2, 3

3 (1) 5개의 제비 중에서 임의로 3개의 제비를 동시에 뽑아 나오는 당첨 제비의 개수는 0 또는 1 또는 2이므로 확률 변수 X가 가질 수 있는 값은 0, 1, 2이고, 이때 X가 각 각의 값을 가질 확률은 다음과 같다.

$$P(X=0) = \frac{{}_2C_0 \times {}_3C_3}{{}_5C_3} = \frac{1}{10}$$

$$P(X=1) = \frac{{}_2C_1 \times {}_3C_2}{{}_5C_3} = \frac{6}{10} = \frac{3}{5}$$

$$P(X=2) = \frac{{}_2C_2 \times {}_3C_1}{{}_5C_3} = \frac{3}{10}$$

따라서 확률변수 X의 확률질량함수는

$$P(X=x) = \frac{{}_2C_x \times {}_3C_{3-x}}{{}_5C_3} \ (x=0, 1, 2)$$

이고 확률변수 X의 확률분포를 표로 나타내면 다음과 같다.

X	0	1	2	합계
$P(X=x)$	$\frac{1}{10}$	$\frac{3}{5}$	$\frac{3}{10}$	1

(2) 당첨 제비가 1개 이하로 나올 확률은 $P(X \leq 1)$이므로
$$P(X \leq 1) = P(X=0) + P(X=1)$$
$$= \frac{1}{10} + \frac{3}{5} = \frac{7}{10}$$

답 (1) 풀이 참조 (2) $\frac{7}{10}$

4 한 개의 주사위를 던져서 나오는 눈의 수는 1, 2, 3, 4, 5, 6이고,
1의 양의 약수의 개수는 1의 1개,
2의 양의 약수의 개수는 1, 2의 2개,
3의 양의 약수의 개수는 1, 3의 2개,
4의 양의 약수의 개수는 1, 2, 4의 3개,
5의 양의 약수의 개수는 1, 5의 2개,
6의 양의 약수의 개수는 1, 2, 3, 6의 4개
이므로 확률변수 X가 가질 수 있는 값은 1, 2, 3, 4이다.
이때

$$P(X=1) = \frac{1}{6}$$

$$P(X=2) = \frac{3}{6} = \frac{1}{2}$$

$$P(X=3) = \frac{1}{6}$$

$$P(X=4) = \frac{1}{6}$$

이므로 확률변수 X의 확률분포를 표로 나타내면 다음과 같다.

X	1	2	3	4	합계
$P(X=x)$	$\frac{1}{6}$	$\frac{1}{2}$	$\frac{1}{6}$	$\frac{1}{6}$	1

따라서

$$E(X) = 1 \times \frac{1}{6} + 2 \times \frac{1}{2} + 3 \times \frac{1}{6} + 4 \times \frac{1}{6} = \frac{14}{6} = \frac{7}{3}$$

답 $\frac{7}{3}$

5 상금을 확률변수 X라 하면 X가 가질 수 있는 값은 100000, 50000, 10000, 0이고, X가 각각의 값을 가질 확률 은 다음과 같다.

$$P(X=100000) = \frac{1}{100}$$

$$P(X=50000) = \frac{4}{100} = \frac{1}{25}$$

$$P(X=10000) = \frac{15}{100} = \frac{3}{20}$$

$$P(X=0)=\frac{80}{100}=\frac{4}{5}$$

즉, 확률변수 X의 확률분포를 표로 나타내면 다음과 같다.

X	100000	50000	10000	0	합계
$P(X=x)$	$\frac{1}{100}$	$\frac{1}{25}$	$\frac{3}{20}$	$\frac{4}{5}$	1

따라서 확률변수 X의 기댓값은
$E(X)$
$=100000\times\frac{1}{100}+50000\times\frac{1}{25}+10000\times\frac{3}{20}+0\times\frac{4}{5}$
$=4500$(원)
이므로 상금의 기댓값은 4500원이다.

🔑 4500원

6 확률변수 X의 평균이 6이므로 $E(X)=6$
$E((X-6)^2)=V(X)=50$이므로
$V(X)=E(X^2)-\{E(X)\}^2$에서
$E(X^2)=V(X)+\{E(X)\}^2$
$\qquad\quad=50+36=86$

🔑 86

7 5장의 카드에서 임의로 2장의 카드를 동시에 뽑는 경우의 수는 $_5C_2=10$이고, 확률변수 X가 가질 수 있는 값은 0, 1, 2이다. 이때 X가 각각의 값을 가질 확률은 다음과 같다.
(ⅰ) $X=0$일 때
2, 4가 적혀 있는 2장의 카드 중 2장의 카드를 뽑는 경우의 수는 $_2C_2=1$
따라서 $P(X=0)=\frac{1}{10}$
(ⅱ) $X=1$일 때
1, 3, 5가 적혀 있는 3장의 카드 중 1장의 카드를 뽑고, 2, 4가 적혀 있는 2장의 카드 중 1장의 카드를 뽑는 경우의 수는 $_3C_1\times_2C_1=6$이므로
$P(X=2)=\frac{6}{10}=\frac{3}{5}$
(ⅲ) $X=2$일 때
1, 3, 5가 적혀 있는 3장의 카드 중 2장의 카드를 뽑는 경우의 수는 $_3C_2=3$이므로
$P(X=2)=\frac{3}{10}$
(ⅰ)~(ⅲ)에서 확률변수 X의 확률분포를 표로 나타내면 다음과 같다.

X	0	1	2	합계
$P(X=x)$	$\frac{1}{10}$	$\frac{3}{5}$	$\frac{3}{10}$	1

이때 $E(X)=0\times\frac{1}{10}+1\times\frac{3}{5}+2\times\frac{3}{10}=\frac{6}{5}$
따라서
$V(X)=E(X^2)-\{E(X)\}^2$
$\qquad\quad=\left(0^2\times\frac{1}{10}+1^2\times\frac{3}{5}+2^2\times\frac{3}{10}\right)-\left(\frac{6}{5}\right)^2=\frac{9}{25}$

🔑 $\frac{9}{25}$

8 $E(X)=4$, $E(X^2)=25$이므로
$V(X)=E(X^2)-\{E(X)\}^2=25-4^2=9$
$\sigma(X)=\sqrt{V(X)}=3$
따라서
$E(Y)=E(-3X+2)$
$\qquad\quad=-3E(X)+2$
$\qquad\quad=-3\times4+2=-10$
$\sigma(Y)=\sigma(-3X+2)$
$\qquad\quad=|-3|\sigma(X)$
$\qquad\quad=3\sigma(X)$
$\qquad\quad=3\times3=9$

🔑 $E(Y)=-10$, $\sigma(Y)=9$

9 $E(X)=m$, $\sigma(X)=\sigma$이므로
$E(Z)=E\left(\frac{X-m}{\sigma}\right)$
$\qquad\quad=E\left(\frac{1}{\sigma}\times X-\frac{m}{\sigma}\right)$
$\qquad\quad=\frac{1}{\sigma}E(X)-\frac{m}{\sigma}$
$\qquad\quad=\frac{m}{\sigma}-\frac{m}{\sigma}=0$
$\sigma(Z)=\sigma\left(\frac{X-m}{\sigma}\right)$
$\qquad\quad=\sigma\left(\frac{1}{\sigma}\times X-\frac{m}{\sigma}\right)$
$\qquad\quad=\frac{1}{\sigma}\sigma(X)$
$\qquad\quad=\frac{1}{\sigma}\times\sigma=1$

🔑 평균: 0, 표준편차: 1

10 한 개의 주사위를 한 번 던졌을 때 3의 배수의 눈이 나올 확률은 $\frac{1}{3}$이다.
한 개의 주사위를 10번 던졌을 때 3의 배수의 눈이 나오는 횟수가 확률변수 X이므로 X가 가질 수 있는 값은 0, 1, 2, …, 10이다.
확률변수 X의 확률질량함수는

$$P(X=x)={}_{10}C_x\left(\frac{1}{3}\right)^x\left(\frac{2}{3}\right)^{10-x}$$
$$\left(x=0,\ 1,\ 2,\ \cdots,\ 10,\ \left(\frac{1}{3}\right)^0=\left(\frac{2}{3}\right)^0=1\right)$$

즉, 각각의 X의 값에 따른 확률이 독립시행의 확률이므로 확률변수 X의 확률분포는 이항분포를 따른다.

이때 $n=10$, $p=\frac{1}{3}$이므로 확률변수 X는 이항분포 $B\left(10,\ \frac{1}{3}\right)$을 따른다.

🖪 $B\left(10,\ \frac{1}{3}\right)$

11 (1) 확률변수 X가 가질 수 있는 값이 0, 1, 2, 3이고, 확률변수 X의 확률질량함수가

$$P(X=x)={}_3C_x\left(\frac{2}{3}\right)^x\left(\frac{1}{3}\right)^{3-x}$$
$$\left(x=0,\ 1,\ 2,\ 3,\ \left(\frac{1}{3}\right)^0=\left(\frac{2}{3}\right)^0=1\right)$$

이므로 확률변수 X의 확률분포를 표로 나타내면 다음과 같다.

X	0	1	2	3	합계
$P(X=x)$	${}_3C_0\left(\frac{1}{3}\right)^3$	${}_3C_1\left(\frac{2}{3}\right)^1\left(\frac{1}{3}\right)^2$	${}_3C_2\left(\frac{2}{3}\right)^2\left(\frac{1}{3}\right)^1$	${}_3C_3\left(\frac{2}{3}\right)^3$	1

(2) $P(X>1)=P(X=2)+P(X=3)$
$$={}_3C_2\left(\frac{2}{3}\right)^2\left(\frac{1}{3}\right)^1+{}_3C_3\left(\frac{2}{3}\right)^3\left(\frac{1}{3}\right)^0$$
$$=\frac{4}{9}+\frac{8}{27}=\frac{20}{27}$$

🖪 (1) 풀이 참조 (2) $\frac{20}{27}$

12 주머니에서 공을 한 개 꺼냈을 때 공에 적혀 있는 수가 4의 배수일 확률은 $\frac{2}{8}=\frac{1}{4}$이다.

20회의 독립시행에서 4의 배수가 적혀 있는 공이 나오는 횟수가 확률변수 X이므로 확률변수 X는 이항분포 $B\left(20,\ \frac{1}{4}\right)$을 따른다.

따라서
$$V(X)=20\times\frac{1}{4}\times\frac{3}{4}=\frac{15}{4}$$

🖪 $\frac{15}{4}$

13 확률변수 X가 이항분포 $B(n,\ p)$를 따르므로
$$E(X)=np=16 \qquad \cdots\cdots \text{㉠}$$
$$V(X)=np(1-p)=12 \qquad \cdots\cdots \text{㉡}$$
㉠을 ㉡에 대입하면
$$16(1-p)=12,\ 1-p=\frac{3}{4},\ p=\frac{1}{4}$$

$p=\frac{1}{4}$을 ㉠에 대입하면
$$n\times\frac{1}{4}=16,\ n=64$$
따라서 $n=64$, $p=\frac{1}{4}$

🖪 $n=64$, $p=\frac{1}{4}$

기본 핵심 문제			본문 49쪽
1 ④	**2** ②	**3** ①	**4** ③
5 ⑤			

1
$$P(X=1)=\frac{k\times{}_3C_1}{{}_6C_1}=\frac{k}{2}$$
$$P(X=2)=\frac{k\times{}_3C_2}{{}_6C_2}=\frac{k}{5}$$
$$P(X=3)=\frac{k\times{}_3C_3}{{}_6C_3}=\frac{k}{20}$$
이고, 확률의 총합은 1이므로
$$\frac{k}{2}+\frac{k}{5}+\frac{k}{20}=1,\ \frac{3}{4}k=1$$
따라서 $k=\frac{4}{3}$

🖪 ④

2
확률의 총합이 1이므로
$P(X=0)+P(X=2)+P(X=4)=1$에서
$$\frac{1}{9}+a+\frac{1}{3}=1,\ a=\frac{5}{9}$$
따라서
$$E(X)=0\times\frac{1}{9}+2\times\frac{5}{9}+4\times\frac{1}{3}=\frac{22}{9}$$

🖪 ②

3
5개의 공 중에서 임의로 2개의 공을 동시에 선택하는 경우의 수는 ${}_5C_2=10$이고, 확률변수 X가 가질 수 있는 값은 1, 2, 3, 6이다. 이때 X가 각각의 값을 가질 확률은 다음과 같다.

$1=1\times1$에서 $P(X=1)=\dfrac{{}_3C_2}{{}_5C_2}=\dfrac{3}{10}$

$2=1\times2$에서 $P(X=2)=\dfrac{{}_3C_1\times{}_1C_1}{{}_5C_2}=\dfrac{3}{10}$

$3=1\times3$에서 $P(X=3)=\dfrac{_3C_1\times_1C_1}{_5C_2}=\dfrac{3}{10}$

$6=2\times3$에서 $P(X=3)=\dfrac{_1C_1\times_1C_1}{_5C_2}=\dfrac{1}{10}$

이므로 확률변수 X의 확률분포를 표로 나타내면 다음과 같다.

X	1	2	3	6	합계
$P(X=x)$	$\dfrac{3}{10}$	$\dfrac{3}{10}$	$\dfrac{3}{10}$	$\dfrac{1}{10}$	1

이때

$E(X)=1\times\dfrac{3}{10}+2\times\dfrac{3}{10}+3\times\dfrac{3}{10}+6\times\dfrac{1}{10}=\dfrac{12}{5}$

$V(X)=E(X^2)-\{E(X)\}^2$

$\quad=\left(1^2\times\dfrac{3}{10}+2^2\times\dfrac{3}{10}+3^2\times\dfrac{3}{10}+6^2\times\dfrac{1}{10}\right)-\left(\dfrac{12}{5}\right)^2$

$\quad=\dfrac{51}{25}$

따라서

$V(5X+2)=5^2V(X)=25\times\dfrac{51}{25}=51$

답 ①

4

6의 양의 약수는 1, 2, 3, 6이므로 주사위 한 개를 한 번 던졌을 때 6의 양의 약수의 눈이 나올 확률은 $\dfrac{2}{3}$이고, 60회의 독립시행에서 6의 양의 약수의 눈이 나오는 횟수가 확률변수 X이므로 확률변수 X는 이항분포 $B\left(60, \dfrac{2}{3}\right)$를 따른다.

따라서

$V(X)=60\times\dfrac{2}{3}\times\dfrac{1}{3}=\dfrac{40}{3}$

답 ③

5

확률변수 X의 확률질량함수는

$P(X=x)=_{32}C_x\left(\dfrac{1}{2}\right)^{32}=_{32}C_x\left(\dfrac{1}{2}\right)^x\left(\dfrac{1}{2}\right)^{32-x}$

$\left(x=0, 1, 2, \cdots, 32, \left(\dfrac{1}{2}\right)^0=1\right)$

이므로 확률변수 X는 이항분포 $B\left(32, \dfrac{1}{2}\right)$을 따른다.

이때

$E(X)=32\times\dfrac{1}{2}=16$

$V(X)=32\times\dfrac{1}{2}\times\dfrac{1}{2}=8$

이므로 $V(X)=E(X^2)-\{E(X)\}^2$에서

$E(X^2)=V(X)+\{E(X)\}^2=8+16^2=264$

답 ⑤

02 정규분포

1 (1) 확률밀도함수 $f(x)$는 $0\le x\le4$에서 $f(x)\ge0$이어야 하므로 $k>0$이고, 함수 $y=f(x)$의 그래프와 x축 및 직선 $x=4$로 둘러싸인 부분의 넓이는 1이다.

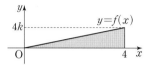

즉, 그림에서 색칠한 부분의 넓이가 1이므로

$\dfrac{1}{2}\times4\times4k=1$에서 $k=\dfrac{1}{8}$

(2) $P(1\le X\le3)$의 값은 함수 $y=f(x)$의 그래프와 x축 및 두 직선 $x=1$, $x=3$으로 둘러싸인 부분, 즉 그림과 같이 색칠한 사다리꼴의 넓이와 같고,

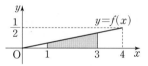

$f(1)=\dfrac{1}{8}$, $f(3)=\dfrac{3}{8}$이므로

$P(1\le X\le3)=\dfrac{1}{2}\times\{f(1)+f(3)\}\times2$

$\qquad=\dfrac{1}{2}\times\left(\dfrac{1}{8}+\dfrac{3}{8}\right)\times2=\dfrac{1}{2}$

답 (1) $\dfrac{1}{8}$ (2) $\dfrac{1}{2}$

2 (1) X의 평균이 5이고, 표준편차가 2인 정규분포를 따르므로 X는 정규분포 $N(5, 2^2)$을 따른다.

(2) X의 평균이 10.2이고, 표준편차가 0.3인 정규분포를 따르므로 X는 정규분포 $N(10.2, 0.3^2)$을 따른다.

(3) X의 평균이 $\dfrac{9}{2}$이고, 표준편차가 $\dfrac{1}{2}$인 정규분포를 따르므로 X는 정규분포 $N\left(\dfrac{9}{2}, \left(\dfrac{1}{2}\right)^2\right)$을 따른다.

답 (1) $N(5, 2^2)$ (2) $N(10.2, 0.3^2)$ (3) $N\left(\dfrac{9}{2}, \left(\dfrac{1}{2}\right)^2\right)$

3 (1) 확률변수 X가 정규분포 $N(50, 9)$를 따르므로
$E(X)=50$, $V(X)=9$이다.

(2) 다음 그림과 같이
$P(50\le X\le56)$의 값은 색칠된 부분 A의 넓이와 같고,

$P(45 \le X \le 50)$의 값은 색칠된 부분 B의 넓이와 같다.

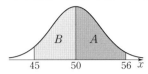

확률변수 X의 정규분포곡선은 직선 $x=50$에 대하여 대칭이므로

$P(45 \le X \le 50) = P(50 \le X \le 55)$ $\cdots\cdots$ ㉠

이고, 다음 그림과 같이 A 부분의 넓이가 B 부분의 넓이보다 크므로

$P(50 \le X \le 56) > P(50 \le X \le 55)$

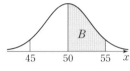 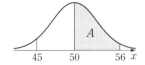

따라서 ㉠에 의하여

$P(50 \le X \le 56) > P(45 \le X \le 50)$

> 🖺 (1) $E(X) = 50$, $V(X) = 9$
> (2) $P(50 \le X \le 56) > P(45 \le X \le 50)$

4 (1) 양수 a에 대하여 $P(0 \le Z \le a)$의 값은 그림에서 색칠한 부분의 넓이이다.

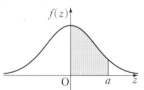

이때 이 넓이가 0.4772이고 $P(0 \le Z \le 2) = 0.4772$이므로
$a = 2$

(2) $b > 1$인 상수 b에 대하여 $P(1 \le Z \le b)$의 값은 그림에서 색칠한 부분의 넓이이다.

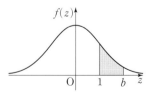

이때 $P(1 \le Z \le b) = P(0 \le Z \le b) - P(0 \le Z \le 1)$이고, 이 넓이가 0.1359이므로

$P(0 \le Z \le b) = P(0 \le Z \le 1) + P(1 \le Z \le b)$
$\qquad = 0.3413 + 0.1359 = 0.4772$

$P(0 \le Z \le 2) = 0.4772$이므로 $b = 2$

> 🖺 (1) $a = 2$ (2) $b = 2$

5

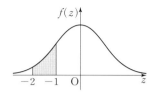

$P(-2 \le Z \le -1)$은 그림에서 색칠한 부분의 넓이와 같고, 표준정규분포곡선이 직선 $z=0$에 대하여 대칭이므로

$P(-2 \le Z \le -1) = P(-2 \le Z \le 0) - P(-1 \le Z \le 0)$
$\qquad = P(0 \le Z \le \boxed{2}) - P(\boxed{0} \le Z \le 1)$
$\qquad = \boxed{0.4772} - \boxed{0.3413} = \boxed{0.1359}$

> 🖺 2, 0, 0.4772, 0.3413, 0.1359

6 확률변수 X가 정규분포 $N(16, 2^2)$을 따르므로

$Z = \dfrac{X-16}{2}$으로 놓으면 확률변수 Z는 표준정규분포

$N(0, 1)$을 따른다.

(1) 주어진 표준정규분포표에서 $P(0 \le Z \le 2) = 0.4772$이므로

$P(X \le 20)$

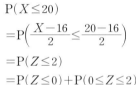

$= P\left(\dfrac{X-16}{2} \le \dfrac{20-16}{2}\right)$

$= P(Z \le 2)$

$= P(Z \le 0) + P(0 \le Z \le 2)$

$= 0.5 + 0.4772 = 0.9772$

(2) 주어진 표준정규분포표에서 $P(0 \le Z \le 1) = 0.3413$, $P(0 \le Z \le 1.5) = 0.4332$이므로

$P(13 \le X \le 18)$

$= P\left(\dfrac{13-16}{2} \le \dfrac{X-16}{2} \le \dfrac{18-16}{2}\right)$

$= P(-1.5 \le Z \le 1)$

$= P(-1.5 \le Z \le 0)$
$\quad + P(0 \le Z \le 1)$

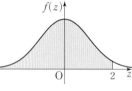

$= P(0 \le Z \le 1.5)$
$\quad + P(0 \le Z \le 1)$

$= 0.4332 + 0.3413$

$= 0.7745$

(3) $P(X \ge a)$

$= P\left(\dfrac{X-16}{2} \ge \dfrac{a-16}{2}\right)$

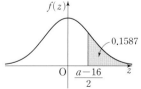

$= P\left(Z \ge \dfrac{a-16}{2}\right)$

$= 0.1587$

이고, $P\left(Z \ge \dfrac{a-16}{2}\right) < 0.5$이므로 $\dfrac{a-16}{2} > 0$

이때

$$P\left(Z \geq \frac{a-16}{2}\right)$$

$$=P(Z \geq 0) - P\left(0 \leq Z \leq \frac{a-16}{2}\right)$$

$$=0.5 - P\left(0 \leq Z \leq \frac{a-16}{2}\right) = 0.1587$$

에서 $P\left(0 \leq Z \leq \frac{a-16}{2}\right) = 0.5 - 0.1587 = 0.3413$이고,

주어진 표준정규분포표에서 $P(0 \leq Z \leq 1) = 0.3413$이므로

$$\frac{a-16}{2} = 1, \ a = 18$$

(4) $P(b \leq X \leq 18)$

$$=P\left(\frac{b-16}{2} \leq \frac{X-16}{2} \leq \frac{18-16}{2}\right)$$

$$=P\left(\frac{b-16}{2} \leq Z \leq 1\right)$$

$$=0.8185$$

이고,

$$P\left(\frac{b-16}{2} \leq Z \leq 1\right) > 0.5$$

이므로 $\frac{b-16}{2} < 0$

이때 주어진 표준정규분포표에서 $P(0 \leq Z \leq 1) = 0.3413$
이므로

$$P\left(\frac{b-16}{2} \leq Z \leq 1\right)$$

$$=P\left(\frac{b-16}{2} \leq Z \leq 0\right) + P(0 \leq Z \leq 1)$$

$$=P\left(0 \leq Z \leq -\frac{b-16}{2}\right) + P(0 \leq Z \leq 1)$$

$$=P\left(0 \leq Z \leq -\frac{b-16}{2}\right) + 0.3413 = 0.8185$$

즉, $P\left(0 \leq Z \leq -\frac{b-16}{2}\right) = 0.8185 - 0.3413 = 0.4772$

이고, 주어진 표준정규분포표에서
$P(0 \leq Z \leq 2) = 0.4772$이므로

$$-\frac{b-16}{2} = 2, \ b = 12$$

📋 (1) 0.9772 (2) 0.7745 (3) 18 (4) 12

7 어느 회사에서 생산된 태블릿 PC가 방전된 후 완전히 충전시키는 데 걸리는 시간을 확률변수 X라 하면 X는 정규분포 $N(240, 15^2)$을 따르고, 구하는 확률은 $P(X \leq 255)$이다.

$Z = \frac{X-240}{15}$으로 놓으면 확률변수 Z는 표준정규분포

$N(0, 1)$을 따르므로

$$P(X \leq 255) = P\left(\frac{X-240}{15} \leq \frac{255-240}{15}\right) = P(Z \leq 1)$$

즉, $P(X \leq 255)$의 값은 $P(Z \leq 1)$의 값과 같고, 이 값은 그림에서 색칠한 부분의 넓이와 같다.

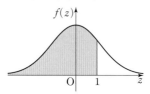

주어진 표준정규분포표에서 $P(0 \leq Z \leq 1) = 0.3413$이므로

$$P(X \leq 255) = P(Z \leq 1)$$

$$=P(Z \leq 0) + P(0 \leq Z \leq 1)$$

$$=0.5 + 0.3413 = 0.8413$$

📋 0.8413

8 한 개의 동전을 400회 던질 때 앞면이 나오는 횟수를 확률변수 X라 하면 한 개의 동전을 한 번 던졌을 때, 앞면이 나올 확률은 $\frac{1}{2}$이고, 400회의 독립시행에서 앞면이 나오는 횟수가 확률변수 X이므로 확률변수 X는 이항분포 $B\left(400, \frac{1}{2}\right)$을 따른다. 이때

$$E(X) = 400 \times \frac{1}{2} = 200$$

$$V(X) = 400 \times \frac{1}{2} \times \frac{1}{2} = 100 = 10^2$$

이고, 400은 충분히 큰 수이므로 확률변수 X는 근사적으로 정규분포 $N(200, 10^2)$을 따른다.

$Z = \frac{X-200}{10}$으로 놓으면 확률변수 Z는 표준정규분포 $N(0, 1)$을 따른다.

주어진 표준정규분포표에서
$P(0 \leq Z \leq 1) = 0.3413$, $P(0 \leq Z \leq 2) = 0.4772$이므로 구하는 확률은

$$P(210 \leq X \leq 220)$$

$$=P\left(\frac{210-200}{10} \leq \frac{X-200}{10} \leq \frac{220-200}{10}\right)$$

$$=P(1 \leq Z \leq 2)$$

$$=P(0 \leq Z \leq 2)$$

$$\quad -P(0 \leq Z \leq 1)$$

$$=0.4772 - 0.3413$$

$$=0.1359$$

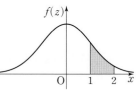

📋 0.1359

1

확률밀도함수 $f(x)$는 $0 \leq x \leq 2$에서 $f(x) \geq 0$이어야 하므로 $k > 0$이고, 함수 $y = f(x)$의 그래프와 x축, y축으로 둘러싸인 부분의 넓이는 1이어야 한다.

즉, $1 \times k + \dfrac{1}{2} \times 1 \times k = \dfrac{3}{2}k = 1$에서 $k = \dfrac{2}{3}$이므로

확률밀도함수 $f(x)$는 다음과 같다.

$$f(x) = \begin{cases} \dfrac{2}{3} & (0 \leq x \leq 1) \\ -\dfrac{2}{3}x + \dfrac{4}{3} & (1 \leq x \leq 2) \end{cases}$$

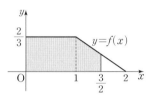

따라서 $\mathrm{P}\left(X \leq \dfrac{3}{2}\right)$의 값은 그림과 같이 함수 $y = f(x)$의 그래프와 x축, y축 및 직선 $x = \dfrac{3}{2}$으로 둘러싸인 부분의 넓이와 같고, $f\left(\dfrac{3}{2}\right) = \dfrac{1}{3}$이므로

$$\mathrm{P}\left(X \leq \dfrac{3}{2}\right) = \dfrac{2}{3} \times 1 + \dfrac{1}{2} \times \left(\dfrac{2}{3} + \dfrac{1}{3}\right) \times \dfrac{1}{2}$$
$$= \dfrac{2}{3} + \dfrac{1}{4} = \dfrac{11}{12}$$

답 ⑤

2

정규분포 $\mathrm{N}(18, 3^2)$을 따르는 확률변수 X의 확률밀도함수를 $f(x)$라 하면 함수 $y = f(x)$의 그래프가 그림과 같이 직선 $x = 18$에 대하여 대칭이고,

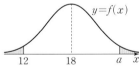

$\mathrm{P}(X \leq 12) = \mathrm{P}(X \geq a)$이므로

$\dfrac{12 + a}{2} = 18$에서 $a = 24$

답 ②

3

확률변수 X가 정규분포 $\mathrm{N}(54, \sigma^2)$을 따르므로

$Z = \dfrac{X - 54}{\sigma}$로 놓으면 확률변수 Z는 표준정규분포

$\mathrm{N}(0, 1)$을 따른다. 이때

$$\mathrm{P}(X \geq 45) = \mathrm{P}\left(\dfrac{X - 54}{\sigma} \geq \dfrac{45 - 54}{\sigma}\right)$$
$$= \mathrm{P}\left(Z \geq -\dfrac{9}{\sigma}\right)$$
$$= \mathrm{P}\left(-\dfrac{9}{\sigma} \leq Z \leq 0\right) + \mathrm{P}(Z \geq 0)$$
$$= \mathrm{P}\left(-\dfrac{9}{\sigma} \leq Z \leq 0\right) + 0.5$$
$$= 0.5 + \mathrm{P}\left(0 \leq Z \leq \dfrac{9}{\sigma}\right)$$

이므로 $0.5 + \mathrm{P}\left(0 \leq Z \leq \dfrac{9}{\sigma}\right) = 0.9332$에서

$$\mathrm{P}\left(0 \leq Z \leq \dfrac{9}{\sigma}\right) = 0.4332$$

표준정규분포표에서 $\mathrm{P}(0 \leq Z \leq 1.5) = 0.4332$이므로

$\dfrac{9}{\sigma} = 1.5$에서 $\sigma = 6$

답 6

4

어느 공장에서 생산되는 제품 한 개의 무게를 확률변수 X라 하면 X는 정규분포 $\mathrm{N}(32, 2^2)$을 따르고, 임의로 선택한 제품이 불량품으로 판정될 확률은 $\mathrm{P}(X \leq 28) + \mathrm{P}(X \geq 36)$이다.

$Z = \dfrac{X - 32}{2}$로 놓으면 확률변수 Z는 표준정규분포

$\mathrm{N}(0, 1)$을 따르므로 구하는 확률은

$$\mathrm{P}(X \leq 28) + \mathrm{P}(X \geq 36)$$
$$= \mathrm{P}\left(\dfrac{X - 32}{2} \leq \dfrac{28 - 32}{2}\right) + \mathrm{P}\left(\dfrac{X - 32}{2} \geq \dfrac{36 - 32}{2}\right)$$
$$= \mathrm{P}(Z \leq -2) + \mathrm{P}(Z \geq 2)$$
$$= \{0.5 - \mathrm{P}(-2 \leq Z \leq 0)\}$$
$$\quad + \{0.5 - \mathrm{P}(0 \leq Z \leq 2)\}$$
$$= 2\{0.5 - \mathrm{P}(0 \leq Z \leq 2)\}$$
$$= 2(0.5 - 0.4772)$$
$$= 2 \times 0.0228 = 0.0456$$

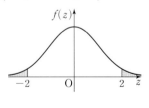

답 ①

5

확률변수 X가 이항분포 $\mathrm{B}\left(n, \dfrac{1}{5}\right)$을 따르므로

$$\mathrm{E}(X) = n \times \dfrac{1}{5} = \dfrac{n}{5}$$
$$\sigma(X) = \sqrt{n \times \dfrac{1}{5} \times \dfrac{4}{5}} = \dfrac{2}{5}\sqrt{n}$$
$$\sigma(X) = 6에서$$

$\dfrac{2}{5}\sqrt{n}=6$, $\sqrt{n}=15$

따라서 $n=225$이므로

$E(X)=45$, $V(X)=\sigma^2=6^2$

이때 225는 충분히 큰 수이므로 확률변수 X는 근사적으로

정규분포 $N(45, 6^2)$을 따르고,

$Z=\dfrac{X-45}{6}$로 놓으면 확률변수 Z는 표준정규분포

$N(0, 1)$을 따른다.

따라서 구하는 확률은

$P(36 \leq X \leq 60)$

$=P\left(\dfrac{36-45}{6} \leq \dfrac{X-45}{6} \leq \dfrac{60-45}{6}\right)$

$=P(-1.5 \leq Z \leq 2.5)$

$=P(-1.5 \leq Z \leq 0)$

　$+P(0 \leq Z \leq 2.5)$

$=P(0 \leq Z \leq 1.5)$

　$+P(0 \leq Z \leq 2.5)$

$=0.4332+0.4938$

$=0.9270$

답 ④

03 통계적 추정

유제

본문 58~62쪽

1 구하는 표본의 개수는 서로 다른 6개에서 중복을 허락하여 2개를 택하는 중복순열의 수와 같으므로

$_6\Pi_2=6^2=36$

답 36

2 첫 번째 뽑은 수를 X_1, 두 번째 뽑은 수를 X_2라 하면

$\overline{X}=\dfrac{X_1+X_2}{2}$

$\overline{X} \geq 1$, 즉 $X_1+X_2 \geq 2$이므로 가능한 경우는 다음과 같다.

(ⅰ) $X_1+X_2=2$, 즉 $\overline{X}=1$인 경우

　$X_1+X_2=2$를 만족시키는 X_1, X_2의 순서쌍 (X_1, X_2)

　는 $(0, 2)$, $(2, 0)$이므로

　$P(\overline{X}=1)=\dfrac{1}{3} \times \dfrac{1}{2}+\dfrac{1}{2} \times \dfrac{1}{3}=\dfrac{1}{3}$

(ⅱ) $X_1+X_2=4$, 즉 $\overline{X}=2$인 경우

　$X_1+X_2=4$를 만족시키는 X_1, X_2의 순서쌍 (X_1, X_2)

　는 $(2, 2)$이므로

　$P(\overline{X}=2)=\dfrac{1}{2} \times \dfrac{1}{2}=\dfrac{1}{4}$

(ⅰ), (ⅱ)에서

$P(\overline{X} \geq 1)=P(\overline{X}=1)+P(\overline{X}=2)=\dfrac{1}{3}+\dfrac{1}{4}=\dfrac{7}{12}$

답 $\dfrac{7}{12}$

3 모평균 $m=24$, 모분산 $\sigma^2=8$, 모표준편차 $\sigma=2\sqrt{2}$,

표본의 크기 $n=16$이므로

$E(\overline{X})=m=24$

$V(\overline{X})=\dfrac{\sigma^2}{n}=\dfrac{8}{16}=\dfrac{1}{2}$

$\sigma(\overline{X})=\dfrac{\sigma}{\sqrt{n}}=\dfrac{2\sqrt{2}}{4}=\dfrac{\sqrt{2}}{2}$

답 $E(\overline{X})=24$, $V(\overline{X})=\dfrac{1}{2}$, $\sigma(\overline{X})=\dfrac{\sqrt{2}}{2}$

4 확률변수 X의 모평균 m과 모표준편차 σ의 값을 구하면

$m=E(X)=0 \times \dfrac{2}{5}+1 \times \dfrac{3}{10}+2 \times \dfrac{1}{5}+3 \times \dfrac{1}{10}=1$

이고,

$\sigma^2=V(X)$

　$=E(X^2)-\{E(X)\}^2$

　$=0^2 \times \dfrac{2}{5}+1^2 \times \dfrac{3}{10}+2^2 \times \dfrac{1}{5}+3^2 \times \dfrac{1}{10}-1^2=1$

이므로
$$\sigma = \sigma(X) = \sqrt{V(X)} = 1$$
따라서
$$E(\overline{X}) = m = 1, \ \sigma(\overline{X}) = \frac{\sigma}{\sqrt{n}} = \frac{1}{2}$$

📋 $E(\overline{X}) = 1, \ \sigma(\overline{X}) = \dfrac{1}{2}$

5 모집단의 확률변수를 X라 하면 X는 정규분포 $N(48, 9^2)$을 따르고, 크기가 9인 표본을 임의추출하여 구한 표본평균 $\overline{X}$에 대하여
$$E(\overline{X}) = 48, \ \sigma(\overline{X}) = \frac{9}{\sqrt{9}} = 3$$
이므로 확률변수 $\overline{X}$는 정규분포 $N(48, 3^2)$을 따른다.
$Z = \dfrac{\overline{X} - 48}{3}$으로 놓으면 확률변수 Z는 표준정규분포 $N(0, 1)$을 따른다.
따라서 구하는 확률은
$$P(51 \le \overline{X} \le 54)$$
$$= P\left(\frac{51-48}{3} \le \frac{\overline{X}-48}{3} \le \frac{54-48}{3}\right)$$
$$= P(1 \le Z \le 2)$$
$$= P(0 \le Z \le 2) - P(0 \le Z \le 1)$$
$$= 0.4772 - 0.3413 = 0.1359$$

📋 0.1359

6 이 제과점에서 만든 빵 1개의 무게를 확률변수 X라 하면 X는 정규분포 $N(30, 2^2)$을 따른다.
이 제과점에서 만든 빵 중 임의추출한 16개의 빵의 무게의 표본평균을 $\overline{X}$라 하면
$$E(\overline{X}) = 30, \ \sigma(\overline{X}) = \frac{2}{\sqrt{16}} = 0.5$$
이므로 확률변수 $\overline{X}$는 정규분포 $N(30, 0.5^2)$을 따른다.
$Z = \dfrac{\overline{X} - 30}{0.5}$으로 놓으면 확률변수 Z는 표준정규분포 $N(0, 1)$을 따른다.
따라서 16개의 무게의 표본평균이 29 g 이상일 확률은
$$P(\overline{X} \ge 29) = P\left(\frac{\overline{X}-30}{0.5} \ge \frac{29-30}{0.5}\right)$$
$$= P(Z \ge -2)$$
$$= P(-2 \le Z \le 0) + P(Z \ge 0)$$
$$= 0.5 + P(0 \le Z \le 2)$$
$$= 0.5 + 0.4772 = 0.9772$$

📋 0.9772

7 크기가 100인 표본을 임의추출하여 구한 표본평균이 $\overline{x}$이므로 모평균 m에 대한 신뢰도 99 %의 신뢰구간은

$$\overline{x} - 2.58 \times \frac{5}{\sqrt{100}} \le m \le \overline{x} + 2.58 \times \frac{5}{\sqrt{100}}$$
따라서 c의 값은
$$c = 2.58 \times \frac{5}{\sqrt{100}} = 2.58 \times \frac{1}{2} = 1.29$$

📋 1.29

8 크기가 256인 표본을 임의추출하여 구한 표본평균이 500 이므로 모평균 m에 대한 신뢰도 95 %의 신뢰구간은
$$500 - 1.96 \times \frac{12}{\sqrt{256}} \le m \le 500 + 1.96 \times \frac{12}{\sqrt{256}}$$
이므로
$$a = 500 - 1.96 \times \frac{12}{\sqrt{256}} = 500 - 1.96 \times \frac{3}{4}$$
$$b = 500 + 1.96 \times \frac{12}{\sqrt{256}} = 500 + 1.96 \times \frac{3}{4}$$
따라서
$$b - a = 1.96 \times \frac{3}{4} \times 2 = 2.94$$

📋 2.94

기본 ^{핵심} 문제   본문 63쪽

1 ④	**2** ③	**3** ②	**4** ⑤
5 25			

1
첫 번째 뽑은 수를 X_1, 두 번째 뽑은 수를 X_2라 하면
$$\overline{X} = \frac{X_1 + X_2}{2}$$
$|\overline{X}| = 1$일 때, 즉 $X_1 + X_2 = -2$ 또는 $X_1 + X_2 = 2$이므로 가능한 경우는 다음과 같다.
(i) $X_1 + X_2 = -2$, 즉 $\overline{X} = -1$인 경우
$X_1 + X_2 = -2$를 만족시키는 X_1, X_2의 순서쌍 (X_1, X_2)는 $(-2, 0)$ 또는 $(0, -2)$이므로
$$P(\overline{X} = -1) = \frac{1}{5} \times \frac{3}{10} + \frac{3}{10} \times \frac{1}{5} = \frac{3}{25}$$
(ii) $X_1 + X_2 = 2$, 즉 $\overline{X} = 1$인 경우
$X_1 + X_2 = 2$를 만족시키는 X_1, X_2의 순서쌍 (X_1, X_2)는 $(-2, 4)$ 또는 $(4, -2)$이므로
$$P(\overline{X} = 1) = \frac{1}{5} \times \frac{1}{2} + \frac{1}{2} \times \frac{1}{5} = \frac{1}{5}$$
(i), (ii)에서

$$P(|\overline{X}|=1)=P(\overline{X}=-1)+P(\overline{X}=1)$$
$$=\frac{3}{25}+\frac{1}{5}=\frac{8}{25}$$

답 ④

2

주머니에서 임의로 꺼낸 1개의 공에 적힌 수를 X라 하고, 확률변수 X의 확률변수를 표로 나타내면 다음과 같다.

X	1	2	3	합계
$P(X=x)$	$\frac{1}{2}$	$\frac{1}{3}$	$\frac{1}{6}$	1

$$E(X)=1\times\frac{1}{2}+2\times\frac{1}{3}+3\times\frac{1}{6}=\frac{5}{3}$$

$$V(X)=E(X^2)-\{E(X)\}^2$$
$$=1^2\times\frac{1}{2}+2^2\times\frac{1}{3}+3^2\times\frac{1}{6}-\left(\frac{5}{3}\right)^2=\frac{5}{9}$$

$$\sigma(X)=\sqrt{V(X)}=\frac{\sqrt{5}}{3}$$

이때 표본의 크기가 5이므로

$$\sigma(X)=\frac{\frac{\sqrt{5}}{3}}{\sqrt{5}}=\frac{1}{3}$$

답 ③

3 모집단의 확률변수를 X라 하면 $E(X)=32$, $\sigma(X)=4$ 이므로 X는 정규분포 $N(32, 4^2)$을 따른다.

이때 표본의 크기가 64이므로

$$E(\overline{X})=32, \ \sigma(\overline{X})=\frac{4}{\sqrt{64}}==0.5$$

즉, 확률변수 $\overline{X}$는 정규분포 $N(32, 0.5^2)$을 따르고,

$Z=\dfrac{\overline{X}-32}{0.5}$로 놓으면 확률변수 Z는 표준정규분포

$N(0, 1)$을 따른다. 이때

$$P(\overline{X}\le k)=P\left(\frac{\overline{X}-32}{0.5}\le\frac{k-32}{0.5}\right)$$
$$=P\left(Z\le\frac{k-32}{0.5}\right)=0.8413$$

이므로

$$0.5+P\left(0\le Z\le\frac{k-32}{0.5}\right)=0.8413에서$$

$$P\left(0\le Z\le\frac{k-32}{0.5}\right)=0.3413$$

표준정규분포표에서 $P(0\le Z\le 1)=0.3413$이므로

$$\frac{k-32}{0.5}=1, \ k=32.5$$

답 ②

4 이 공장에서 만든 축구공 1개의 무게를 확률변수 X라 하면 X는 정규분포 $N(420, 20^2)$을 따른다.

이 공장에서 만든 축구공 중 임의추출한 16개의 축구공의 무게의 표본평균을 $\overline{X}$라 하면

$$E(\overline{X})=420, \ \sigma(\overline{X})=\frac{20}{\sqrt{16}}=5$$

이므로 확률변수 $\overline{X}$는 정규분포 $N(420, 5^2)$을 따른다.

$Z=\dfrac{\overline{X}-420}{5}$으로 놓으면 확률변수 Z는 표준정규분포

$N(0, 1)$을 따른다.

따라서 16개의 무게의 표본평균이 410 g 이상 430 g 이하일 확률은

$$P(410\le\overline{X}\le 430)$$
$$=P\left(\frac{410-420}{5}\le\frac{\overline{X}-420}{5}\le\frac{430-420}{5}\right)$$
$$=P(-2\le Z\le 2)$$
$$=2P(0\le Z\le 2)$$
$$=2\times 0.4772=0.9544$$

답 ⑤

5 크기가 n인 표본을 임의추출하여 구한 표본평균의 값을 $\overline{x}$라 하면 모평균 m에 대한 신뢰도 95 %의 신뢰구간은

$$\overline{x}-1.96\times\frac{10}{\sqrt{n}}\le m\le\overline{x}+1.96\times\frac{10}{\sqrt{n}}$$

이때 $\overline{x}-1.96\times\dfrac{10}{\sqrt{n}}=66.08$, $\overline{x}+1.96\times\dfrac{10}{\sqrt{n}}=73.92$이므로

$$\left(\overline{x}+1.96\times\frac{10}{\sqrt{n}}\right)-\left(\overline{x}-1.96\times\frac{10}{\sqrt{n}}\right)=73.92-66.08$$
$$=7.84$$

$2\times 1.96\times\dfrac{10}{\sqrt{n}}=7.84$에서

$$\sqrt{n}=\frac{2\times 1.96\times 10}{7.84}=5$$

따라서 $n=25$

답 25

단원 종합 문제

본문 64~66쪽

1 ③	2 ①	3 ③	4 ⑤
5 ⑤	6 ④	7 9	8 ③
9 ④	10 32	11 45	12 6

1

서로 다른 5장의 카드에서 임의로 2장의 카드를 동시에 뽑는 경우의 수는

$_5C_2 = 10$

확률변수 X가 가질 수 있는 값은 1, 2, 3, 4이고, 각각의 확률변수 X의 값에 대하여 뽑힌 2장의 카드에 적힌 두 수를 순서쌍으로 나타내면 다음과 같다.

(i) $X=1$인 경우

　(1, 2), (2, 3), (3, 4), (4, 5)의 4가지

(ii) $X=2$인 경우

　(1, 3), (2, 4), (3, 5)의 3가지

(iii) $X=3$인 경우

　(1, 4), (2, 5)의 2가지

(iv) $X=4$인 경우

　(1, 5)의 1가지

(i)~(iv)에서 확률변수 X의 확률분포를 표로 나타내면 다음과 같다.

X	1	2	3	4	합계
$P(X=x)$	$\frac{2}{5}$	$\frac{3}{10}$	$\frac{1}{5}$	$\frac{1}{10}$	1

따라서

$P(X>2) = P(X=3) + P(X=4)$

$\qquad = \frac{1}{5} + \frac{1}{10} = \frac{3}{10}$

답 ③

2

확률의 총합은 1이므로

$\frac{1}{6} + \frac{1}{3} + a + \frac{1}{3} = 1$에서 $a = \frac{1}{6}$

이때

$E(X) = (-1) \times \frac{1}{6} + 0 \times \frac{1}{3} + 1 \times \frac{1}{6} + 2 \times \frac{1}{3} = \frac{2}{3}$

이므로

$E(3X-1) = 3E(X) - 1$

$\qquad\qquad = 3 \times \frac{2}{3} - 1 = 1$

답 ①

3

1회의 시행에서 파란 공이 나올 확률은 $\frac{1}{6}$이고, 180회의 독립시행에서 파란 공이 나오는 횟수가 확률변수 X이므로 X는 이항분포 $B\left(180, \frac{1}{6}\right)$을 따른다.

따라서

$V(X) = 180 \times \frac{1}{6} \times \frac{5}{6} = 25$

답 ③

4

함수 $f(x)$가 확률변수 X의 확률밀도함수이므로 함수 $y=f(x)$의 그래프와 x축으로 둘러싸인 부분의 넓이는 1이다.

즉, $\frac{1}{2} \times 4 \times a = 1$에서 $a = \frac{1}{2}$

확률밀도함수 $f(x)$는 다음과 같다.

$$f(x) = \begin{cases} \frac{1}{2}x & (0 \le x \le 1) \\ -\frac{1}{6}x + \frac{2}{3} & (1 \le x \le 4) \end{cases}$$

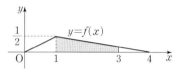

이때 $f(1) = \frac{1}{2}$, $f(3) = \frac{1}{6}$이므로

$P(1 \le X \le 3) = \frac{1}{2} \times \{f(1) + f(3)\} \times 2$

$\qquad\qquad\qquad = \frac{1}{2} \times \left(\frac{1}{2} + \frac{1}{6}\right) \times 2 = \frac{2}{3}$

답 ⑤

5

확률변수 X가 정규분포 $N(60, 4^2)$을 따르므로 X의 확률밀도함수를 $f(x)$라 하면 함수 $y=f(x)$의 그래프는 그림과 같이 직선 $x=60$에 대하여 대칭이다.

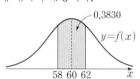

이때 $|X-60| \le 2$에서 $58 \le X \le 62$이고,

$P(58 \le X \le 60) = P(60 \le X \le 62)$이므로

$P(|X-60| \le 2) = 2P(60 \le X \le 62) = 0.3830$에서

$P(60 \le X \le 62) = 0.1915$

따라서

$P(X \ge 62) = P(X \ge 60) - P(60 \le X \le 62)$

$\qquad\qquad = 0.5 - 0.1915 = 0.3085$

답 ⑤

[다른 풀이]

확률변수 X가 정규분포 $N(60, 4^2)$을 따르므로

$Z = \dfrac{X-60}{4}$으로 놓으면 확률변수 Z는 표준정규분포

$N(0, 1)$을 따른다. 이때

$P(|X-60| \leq 2)$

$= P\left(\left|\dfrac{X-60}{4}\right| \leq \dfrac{2}{4}\right)$

$= P(|Z| \leq 0.5)$

$= P(-0.5 \leq Z \leq 0.5)$

$= 2P(0 \leq Z \leq 0.5)$

$= 0.3830$

에서 $P(0 \leq Z \leq 0.5) = 0.1915$

따라서

$P(X \geq 62) = P\left(\dfrac{X-60}{4} \geq \dfrac{62-60}{4}\right)$

$\qquad = P(Z \geq 0.5)$

$\qquad = 0.5 - P(0 \leq Z \leq 0.5)$

$\qquad = 0.5 - 0.1915 = 0.3085$

6

확률변수 X가 이항분포 $B\left(192, \dfrac{1}{4}\right)$을 따르므로

$E(X) = 192 \times \dfrac{1}{4} = 48$

$V(X) = 192 \times \dfrac{1}{4} \times \dfrac{3}{4} = 36 = 6^2$

이때 192는 충분히 큰 수이므로 확률변수 X는 근사적으로 정규분포 $N(48, 6^2)$을 따르고 $Z = \dfrac{X-48}{6}$으로 놓으면 확률변수 Z는 표준정규분포 $N(0, 1)$을 따른다.

$P(X \leq a) = 0.9772$에서 $a > 48$이므로

$P(X \leq a) = P\left(\dfrac{X-48}{6} \leq \dfrac{a-48}{6}\right)$

$\qquad = P\left(Z \leq \dfrac{a-48}{6}\right)$

$\qquad = 0.5 + P\left(0 \leq Z \leq \dfrac{a-48}{6}\right) = 0.9772$

에서 $P\left(0 \leq Z \leq \dfrac{a-48}{6}\right) = 0.4772$

주어진 표준정규분포표에서 $P(0 \leq Z \leq 2) = 0.4772$이므로

$\dfrac{a-48}{6} = 2$, $a - 48 = 12$

따라서 $a = 60$

답 ④

7

확률의 총합은 1이므로

$2a + 3a + 2a = 1$에서 $a = \dfrac{1}{7}$

즉, 확률변수 X의 확률분포를 표로 나타내면 다음과 같다.

X	1	3	5	합계
$P(X=x)$	$\dfrac{2}{7}$	$\dfrac{3}{7}$	$\dfrac{2}{7}$	1

$E(X) = 1 \times \dfrac{2}{7} + 3 \times \dfrac{3}{7} + 5 \times \dfrac{2}{7} = 3$

$V(X) = E(X^2) - \{E(X)\}^2$

$\qquad = 1^2 \times \dfrac{2}{7} + 3^2 \times \dfrac{3}{7} + 5^2 \times \dfrac{2}{7} - 3^2 = \dfrac{16}{7}$

$\sigma(X) = \sqrt{\dfrac{16}{7}} = \dfrac{4}{7}\sqrt{7}$

이때 표본의 크기가 4이므로

$\sigma(\overline{X}) = \dfrac{\frac{4}{7}\sqrt{7}}{\sqrt{4}} = \dfrac{2}{7}\sqrt{7}$

따라서 $p = 7$, $q = 2$이므로 $p + q = 9$

답 9

8

모집단의 확률변수 X가 정규분포 $N(100, 6^2)$을 따르므로

$E(X) = 100$, $V(X) = 6^2 = 36$

크기가 n인 표본을 임의추출하여 구한 표본평균 $\overline{X}$에 대하여

$E(\overline{X}) = E(X) = 100$, $V(\overline{X}) = \dfrac{V(X)}{n} = \dfrac{36}{n}$

이고, $V(4\overline{X}+1) = 4^2 V(\overline{X}) = 9$에서 $V(\overline{X}) = \dfrac{9}{16}$

따라서 $\dfrac{36}{n} = \dfrac{9}{16}$에서 $n = 64$

답 ③

9

모집단의 확률변수를 X라 하면 X는 정규분포 $N(80, 9^2)$을 따르고, 크기가 n인 표본을 임의추출하여 구한 표본평균 $\overline{X}$에 대하여 $E(\overline{X}) = 80$, $\sigma(\overline{X}) = \dfrac{9}{\sqrt{n}}$이므로 확률변수 $\overline{X}$는 정규분포 $N\left(80, \dfrac{9^2}{n}\right)$을 따른다.

$Z = \dfrac{\overline{X}-80}{\dfrac{9}{\sqrt{n}}}$으로 놓으면 확률변수 Z는 표준정규분포 $N(0, 1)$을 따른다. 이때

$P(77 \leq \overline{X} \leq 83) = P\left(\dfrac{77-80}{\frac{9}{\sqrt{n}}} \leq \dfrac{\overline{X}-80}{\frac{9}{\sqrt{n}}} \leq \dfrac{83-80}{\frac{9}{\sqrt{n}}}\right)$

$\qquad = P\left(-\dfrac{\sqrt{n}}{3} \leq Z \leq \dfrac{\sqrt{n}}{3}\right) \leq 0.9544$ ...... ㉠

이고, $P(0 \leq Z \leq 2) = 0.4772$에서

$P(-2 \leq Z \leq 2) = 2P(0 \leq Z \leq 2) = 0.9544$이므로

⊙에 의하여

$$P\left(-\frac{\sqrt{n}}{3}\leq Z\leq\frac{\sqrt{n}}{3}\right)\leq P(-2\leq Z\leq 2)$$

즉, $\frac{\sqrt{n}}{3}\leq 2$에서 $\sqrt{n}\leq 6$

따라서 자연수 n의 최댓값은 36이다.

답 ④

10

크기가 n인 표본을 임의추출하여 구한 표본평균이 $\bar{x}$이므로 모평균 m에 대한 신뢰도 95 %의 신뢰구간은

$$\bar{x}-1.96\times\frac{0.3}{\sqrt{n}}\leq m\leq\bar{x}+1.96\times\frac{0.3}{\sqrt{n}}$$

$$\bar{x}-1.96\times\frac{0.3}{\sqrt{n}}=15.853 \quad\cdots\cdots\ ⊙$$

$$\bar{x}+1.96\times\frac{0.3}{\sqrt{n}}=16.147 \quad\cdots\cdots\ ⓛ$$

⊙, ⓛ을 변끼리 더하면

$2\bar{x}=32$에서 $\bar{x}=16$

$\bar{x}=16$을 ⓛ에 대입하면

$16+1.96\times\frac{0.3}{\sqrt{n}}=16.147$, $\sqrt{n}=4$, $n=16$

따라서 $\bar{x}+n=16+16=32$

답 32

서술형 문항

11

5장의 카드에서 임의로 3장의 카드를 동시에 뽑는 경우의 수는 $_5C_3=10$이고, 확률변수 X가 가질 수 있는 값은 1, 3, 5이다.

❶

(ⅰ) $X=1$일 때

3, 5, 7, 9가 적혀 있는 4장의 카드 중 2장의 카드를 뽑는 경우의 수와 같으므로 그 경우의 수는 $_4C_2=6$

따라서 $P(X=1)=\frac{6}{10}=\frac{3}{5}$

(ⅱ) $X=3$일 때

5, 7, 9가 적혀 있는 3장의 카드 중 2장의 카드를 뽑는 경우의 수와 같으므로 그 경우의 수는 $_3C_2=3$

따라서 $P(X=3)=\frac{3}{10}$

(ⅲ) $X=5$일 때

7, 9가 적혀 있는 2장의 카드를 뽑는 경우의 수와 같으므로 그 경우의 수는 1

따라서 $P(X=5)=\frac{1}{10}$

(ⅰ)~(ⅲ)에서 확률변수 X의 확률분포를 표로 나타내면 다음과 같다.

X	1	3	5	합계
$P(X=x)$	$\frac{3}{5}$	$\frac{3}{10}$	$\frac{1}{10}$	1

❷

$$E(X)=1\times\frac{3}{5}+3\times\frac{3}{10}+5\times\frac{1}{10}=2$$

$$V(X)=E(X^2)-\{E(X)\}^2$$

$$=\left(1^2\times\frac{3}{5}+3^2\times\frac{3}{10}+5^2\times\frac{1}{10}\right)-2^2$$

$$=\frac{9}{5}$$

❸

따라서

$$V(5X)=5^2V(X)$$

$$=25\times\frac{9}{5}=45$$

❹

답 45

단계	채점기준	비율
❶	전체 경우의 수와 확률변수 X가 가질 수 있는 값을 언급한 경우	10%
❷	확률변수 X의 확률분포를 구한 경우	40%
❸	$E(X)$, $V(X)$의 값을 구한 경우	40%
❹	$V(5X)$의 값을 구한 경우	10%

12

$Z=\frac{X-m}{2}$으로 놓으면 확률변수 Z는 표준정규분포 $N(0, 1)$을 따르므로

$$P\left(X\leq\frac{1}{2}m-1\right)=P\left(\frac{X-m}{2}\leq\frac{\frac{1}{2}m-1-m}{2}\right)$$

$$=P\left(Z\leq\frac{-m-2}{4}\right)$$

$$=P\left(Z\geq\frac{m+2}{4}\right)$$

❶

$Z=\dfrac{Y-2m}{3}$으로 놓으면 확률변수 Z는 표준정규분포

$\mathrm{N}(0,\ 1)$을 따르므로

$\mathrm{P}(Y\geq 3m)=\mathrm{P}\left(\dfrac{Y-2m}{3}\geq\dfrac{3m-2m}{3}\right)$

$\qquad\qquad=\mathrm{P}\left(Z\geq\dfrac{m}{3}\right)$

❷

$\mathrm{P}\left(X\geq\dfrac{1}{2}m-1\right)=\mathrm{P}(Y\geq 3m)$에서

$\dfrac{m+2}{4}=\dfrac{m}{3}$이므로

$m=6$

❸

답 6

단계	채점기준	비율
❶	확률변수 X를 표준화하여 $\mathrm{P}\left(X\leq\dfrac{1}{2}m-1\right)$을 $\mathrm{P}\left(Z\leq\dfrac{-m-2}{4}\right)$ 또는 $\mathrm{P}\left(Z\geq\dfrac{m+2}{4}\right)$로 표현한 경우	40%
❷	확률변수 Y를 표준화하여 $\mathrm{P}(Y\geq 3m)$을 $\mathrm{P}\left(Z\geq\dfrac{m}{3}\right)$으로 표현한 경우	40%
❸	표준정규분포곡선의 대칭성을 이용하여 m의 값을 구한 경우	20%

수능 맛보기

본문 67쪽

1

이 고등학교 학생들의 하루 동안 모바일 인터넷을 이용한 시간을 확률변수 X라 하면 X는 정규분포 $\mathrm{N}(100,\ 20^{2})$을 따른다. 이때 이 고등학교 학생들 중 임의추출한 16명의 하루 동안의 모바일 인터넷 이용 시간의 표본평균을 확률변수 $\overline{X}$라 하면

$\mathrm{E}(\overline{X})=100,\ \sigma(\overline{X})=\dfrac{20}{\sqrt{16}}=5$

이므로 확률변수 $\overline{X}$는 정규분포 $\mathrm{N}(100,\ 5^{2})$을 따르고,

$Z=\dfrac{\overline{X}-100}{5}$으로 놓으면 확률변수 Z는 표준정규분포

$\mathrm{N}(0,\ 1)$을 따른다.

따라서 구하는 확률은

$\mathrm{P}(95\leq\overline{X}\leq 110)$

$=\mathrm{P}\left(\dfrac{95-100}{5}\leq\dfrac{\overline{X}-100}{5}\leq\dfrac{110-100}{5}\right)$

$=\mathrm{P}(-1\leq Z\leq 2)$

$=\mathrm{P}(-1\leq Z\leq 0)+\mathrm{P}(0\leq Z\leq 2)$

$=\mathrm{P}(0\leq Z\leq 1)+\mathrm{P}(0\leq Z\leq 2)$

$=0.3413+0.4772=0.8185$

답 ④

2

이 공장에서 생산한 초콜릿 바 1개의 무게를 확률변수 X라 하면 X는 정규분포 $\mathrm{N}(m,\ 2^{2})$을 따른다. 이때 이 공장에서 생산한 초콜릿 바 중 임의추출한 크기가 16인 초콜릿 바의 무게의 표본평균을 $\overline{X}$라 하면

$\mathrm{E}(\overline{X})=m,\ \mathrm{V}(\overline{X})=\dfrac{2}{\sqrt{16}}=0.5$

이므로 확률변수 $\overline{X}$는 정규분포 $\mathrm{N}(m,\ 0.5^{2})$을 따르고,

$Z=\dfrac{\overline{X}-m}{0.5}$으로 놓으면 확률변수 Z는 표준정규분포

$\mathrm{N}(0,\ 1)$을 따른다.

이 공장에서 생산한 초콜릿 바 중 16개를 임의추출하여 1상자를 만들 때, 이 1상자의 무게가 176 g 이하일 확률은

$\mathrm{P}(16\overline{X}\leq 176)=\mathrm{P}(\overline{X}\leq 11)$

$\qquad\qquad=\mathrm{P}\left(\dfrac{\overline{X}-m}{0.5}\leq\dfrac{11-m}{0.5}\right)$

$\qquad\qquad=\mathrm{P}\left(Z\leq\dfrac{11-m}{0.5}\right)$

이고, 이 값이 0.8413이므로

$\mathrm{P}\left(Z\leq\dfrac{11-m}{0.5}\right)=0.8413$

이때 $\dfrac{11-m}{0.5}>0$이므로

$\mathrm{P}\left(Z\leq\dfrac{11-m}{0.5}\right)=\mathrm{P}(Z\leq 0)+\mathrm{P}\left(0\leq Z\leq\dfrac{11-m}{0.5}\right)$

$\qquad\qquad=0.5+\mathrm{P}\left(0\leq Z\leq\dfrac{11-m}{0.5}\right)$

$\qquad\qquad=0.8413$

에서

$\mathrm{P}\left(0\leq Z\leq\dfrac{11-m}{0.5}\right)=0.3413$

주어진 표준정규분포표에서 $\mathrm{P}(0\leq Z\leq 1)=0.3413$이므로

$\dfrac{11-m}{0.5}=1,\ 11-m=0.5$

따라서 $m=10.5$

답 ②

윤혜정의 나비효과 입문편

비 문 학	소 설 문 학	시 문 학
3권	2권	1권

첫술에도 배부르게 하는 국어 개념 공부의 첫걸음

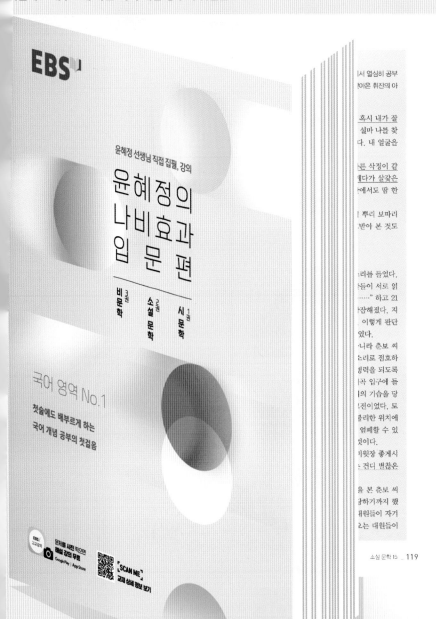

국어 공부를 시작하는
학생들에게 방향을 잡아주는
국어 입문 교재

윤혜정 선생님의 베스트셀러,
"개념의 나비효과" &
"패턴의 나비효과"의 입문편
개념과 패턴을 중심으로 한 체계적인
정리를 통해 국어 공부의 밑바탕이 되는
기본 지식 UP↑

EBS 대표 강사 윤혜정 선생님의
입담이 생생하게 살아있는 교재

중요한 부분은 더 자세하게~
어려운 부분은 더 쉽게~
음성지원 되는 듯한 선생님의
친절한 설명이 가득 윤혜정 선생님이
직접 집필하여 강의와 함께하면 **시너지 UP↑**

시 문학, 소설 문학, 비문학(독서)이
영역별로 15강씩!
3책 분권으로 더 가볍고 부담 없이!

STEP 1 개념 설명 ▷ **STEP 2** 개념 QUIZ ▷ **STEP 3** 기출문제

영역별로 확실히 알아야 할 내용들을 15강으로 정리, 국어 공부에 필요한 알짜 지식들을 모두 습득
· 다양한 예문과 문항들, 기출문제를 통해 지문 독해에서 실전 수능까지 유기적으로 연결 OK!

단숨에 마무리!

OFF

단기 특강 확률과 통계

정답과 풀이